PARKINGS ET GARAGES:

La Clé de Votre Indépendance Financière

La Méthode facile pour Investir dans l'Immobilier Rentable et toucher des loyers tous les mois

Jérémie Brygo

Copyright © 2024 Jérémie Brygo. Tous droits de reproduction, d'adaptation et de traduction, intégrale ou partielle réservés pour tous pays. L'auteur ou l'éditeur est seul propriétaire des droits et responsable du contenu de ce livre. Le Code de la propriété intellectuelle interdit les copies ou reproductions destinées à une utilisation collective. Toute représentation ou reproduction intégrale ou partielle faite par quelque procédé que ce soit, sans le consentement de l'auteur ou de ses ayants droit ou ayants cause, est illicite et constitue une contrefaçon, aux termes des articles L.335-2 et suivants du Code de la propriété intellectuelle

Mise en garde : Ce livre est destiné à des fins d'information seulement. Ce livre contient des informations, des produits et des services de tiers. Ces éléments tiers sont constitués de produits et d'opinions exprimés par leurs propriétaires. L'auteur et l'éditeur déclinent toute responsabilité pour tout effet indésirable occasionné directement ou indirectement par les informations contenues dans cet ouvrage. L'utilisation des instructions, opinions, produits ou services contenus dans ce livre ne garantit aucunement la réussite de votre entreprise ou des gains financiers. Ces éléments reflètent les recherches et les expérimentations menées par l'auteur ainsi que des idées de tierces personnes. Aucune partie de cette publication ne peut être reproduite, transmise ou vendue en totalité ou en partie, sous quelque forme que ce soit, sans le consentement écrit préalable de l'auteur. Toutes les marques déposées apparaissant dans ce livre sont la propriété de leurs propriétaires respectifs.Les utilisateurs de ce guide sont invités à faire leur propre analyse lorsqu'il s'agit de prendre des décisions d'affaires. Tous les renseignements, produits et services qui figurent dans cet ouvrage doivent être vérifiés de façon indépendante par vos propres professionnels qualifiés. En lisant ce guide, vous reconnaissez que l'auteur ne pourra pas être tenu responsable du succès ou de l'échec de vos décisions commerciales relatives aux informations présentées dans ce livre.

AVANT DE COMMENCER

Avant de passer à la suite, téléchargez dès maintenant votre [Pack investisseur Parking Garage Bonus](https://www.lefrugalisme.fr/bonus-parking-garage) contenant :

- Le modèle de bail pour vos mises en locations
- Le modèle d'état des lieux
- Le livret de synthèse avec les fiches récapitulatives des chapitres.

Tout ce dont vous avez besoin pour accélérer encore votre parcours d'investisseur dans les Parkings Garages !

https://www.lefrugalisme.fr/bonus-parking-garage

SOMMAIRE

Introduction 1

Partie 1 : Les fondamentaux de l'investissement dans les parkings et les garages 4

    Pourquoi investir dans les parkings et les garages ? 5

        Protéger son épargne et générer des revenus complémentaires 5

        Les avantages spécifiques de l'investissement dans les parkings et les garages 6

        Les tendances du marché des parkings 8

    Les inconvénients et les solutions 11

        Déconstruire les idées reçues sur l'investissement dans les parkings et les garages 11

        Gérer le turn-over et les problèmes de sécurité 13

        Surmonter les défis de la gestion à distance et de la délégation 17

    Les critères essentiels pour réussir son investissement 19

        Les caractéristiques techniques à prendre en compte 19

        L'importance de la demande locative et de la rentabilité 20

        Les règles d'or pour obtenir votre crédit immobilier 21

Partie 2 : Les secrets pour bien acheter son parking ou son garage 25

    Choisir le bon emplacement 26

        Les critères de sélection géographique 26

        Identifier les signes d'un investissement prometteur 27

        Étude de cas : comment j'ai choisi mon premier garage 27

    Réussir ses visites et évaluer le potentiel d'un bien 30

        Les points clés à vérifier lors d'une visite 30

        Estimer la rentabilité et les possibilités d'optimisation 31

        Astuces pour détecter les meilleures opportunités 31

    Éviter les pièges courants 35

        Maîtriser les charges de copropriété et les frais annexes 35

        Bien lire les documents juridiques et assister aux assemblées générales ...36

Les 7 recommandations pour louer plus vite et plus cher 36
Négocier pour faire une bonne affaire 39
    Les 5 questions à poser pour réussir une négociation 39
    Mettre en avant les défauts du bien et créer un sentiment d'urgence 40
    Techniques avancées de négociation immobilière 40

Partie 3 : Financer et exploiter son investissement 43

Choisir entre l'achat au comptant et le crédit 44
    Avantages et inconvénients de l'achat au comptant 44
    Avantages et inconvénients de l'achat à crédit 45
    Quelle option choisir en fonction de son profil ? 46
Préparer son dossier de financement 49
    Les critères d'évaluation des banques 49
    Optimiser son profil emprunteur 50
    Constituer un dossier solide 52
Obtenir le meilleur financement 55
    Comparer les différentes sources de financement 55
    Négocier les conditions de son prêt 56
    Étude de cas : comment j'ai obtenu un financement à 110% 57
Trouver le bon locataire rapidement 59
    Rédiger une annonce efficace 59
    Diffuser son annonce sur les plateformes incontournables 60
    Sélectionner et valider un locataire fiable 61
Optimiser la rentabilité de son investissement 64
    Les 5 étapes pour surmonter les difficultés de location 64
    Améliorer son bien pour augmenter les loyers 65
    Développer des services additionnels et exploiter le potentiel du bien 66
Choisir le bon régime fiscal 68
    Comprendre les différents régimes fiscaux (micro-foncier et réel) 68
    Déterminer le régime le plus avantageux en fonction de sa situation 69
    Optimiser sa fiscalité grâce aux travaux et aux charges déductibles 70

Conclusion 72
Qu'en avez-vous pensé ?...76
Glossaire 78
Votre Bonus 82
À propos de l'auteur..83
Du même auteur 84

INTRODUCTION

Imaginez un instant que vous puissiez générer des revenus automatiques, mois après mois, sans avoir à gérer des locataires exigeants, à effectuer des réparations coûteuses ou à jongler avec une réglementation complexe. Imaginez que vous puissiez investir dans l'immobilier sans avoir besoin d'un apport considérable ou de connaissances techniques pointues. Imaginez, enfin, que vous puissiez poser les bases de votre indépendance financière grâce à un actif simple, concret et pérenne. Bienvenue dans l'univers méconnu mais tellement prometteur de l'investissement dans les parkings et les garages !

Investir dans les parkings et les garages : Une voie vers la liberté financière

Si vous tenez ce livre entre vos mains, c'est que vous êtes à la recherche d'opportunités pour faire fructifier votre argent, diversifier vos revenus et peut-être même changer de vie. Vous avez entendu parler de l'immobilier comme d'un puissant levier pour atteindre la liberté financière, mais vous vous sentez peut-être intimidé par la complexité et les risques perçus de cet univers. Rassurez-vous : il existe une porte d'entrée accessible, très rentable et sécurisée pour débuter dans l'investissement immobilier, et c'est précisément celle que je vous propose d'emprunter ensemble.

Permettez-moi de me présenter : je m'appelle Jérémie et je serai votre guide dans cette passionnante aventure. Mon parcours est celui d'un passionné qui a su transformer des défis en opportunités, et je suis impatient de partager avec vous les leçons de mon expérience.

Entre 2012 et 2021, j'ai bâti un portefeuille immobilier solide en partant de zéro : 22 garages, 6 appartements et une maison, le tout sans CDI, sans héritage et sans mentor pour me guider. Comme beaucoup d'entre vous, j'ai connu la précarité en tant qu'intermittent du spectacle, mais j'ai refusé de laisser ces circonstances dicter mon avenir financier.

C'est armé d'une curiosité insatiable, d'une détermination à toute épreuve et d'une bonne dose de créativité que je me suis lancé dans l'investissement immobilier locatif à haut rendement. Le chemin n'a pas toujours été facile, mais chaque défi m'a appris une leçon précieuse que je suis aujourd'hui honoré de pouvoir transmettre.

Mon objectif avec ce livre est double : vous faire gagner un temps précieux en partageant mes meilleures stratégies, et vous éviter de reproduire les erreurs qui ont parsemé mon parcours. Je veux vous offrir le guide que j'aurais aimé avoir lorsque je me suis lancé, un concentré d'astuces, de conseils et de retours d'expérience pour vous aider à tracer votre propre route vers la liberté financière.

Des revenus tous les mois pour bâtir un patrimoine durable

Les parkings et les garages sont les actifs immobiliers les plus sous-estimés du marché, et pourtant, ils recèlent un potentiel incroyable pour générer des revenus locatifs récurrents avec un minimum de contraintes. Peu de vacance locative, pas de dégradations, faible risque de loyers impayés, pas de réglementation tatillonne... L'investissement dans les parkings est une oasis de sérénité dans le tumulte de l'immobilier résidentiel. C'est aussi une opportunité unique de se constituer un patrimoine tangible et résilient, qui traverse les crises et les modes avec une stabilité remarquable.

Mais attention, si l'investissement dans les parkings est simple, il n'est pas simpliste pour autant. Comme tout projet d'investissement, il demande de la méthode, de la rigueur et une bonne dose de psychologie. C'est tout l'objet de cet ouvrage : vous offrir une feuille de route complète pour vous lancer avec succès dans l'aventure du parking, de la recherche des biens jusqu'à l'optimisation fiscale, en passant par le financement, la gestion locative et la valorisation patrimoniale.

Au fil de ces pages, je partagerai avec vous toute mon expérience dans l'investissement immobilier, et plus particulièrement dans le secteur du stationnement. Je vous livrerai mes meilleures stratégies, mes astuces les plus efficaces, pour vous aider à tracer votre propre chemin vers la réussite. Vous découvrirez comment identifier les meilleurs emplacements, négocier les prix d'achat, lever des financements avantageux, trouver des locataires fiables, et bien plus encore.

Mais au-delà des aspects techniques, ce livre se veut aussi un manifeste pour un investissement immobilier plus accessible, plus éthique et plus épanouissant. Parce que la finalité de l'investissement dans les parkings n'est pas seulement de faire de l'argent, mais bien de créer les conditions de votre liberté et de votre bien-être.

Alors, que vous soyez débutant ou investisseur aguerri, que vous disposiez d'un petit pécule ou d'une capacité d'emprunt conséquente, ce livre s'adresse à vous. Ensemble, nous allons explorer le formidable potentiel des parkings et des garages, ces actifs tellement prometteurs pour générer des revenus sans rien faire (ou presque) et bâtir un patrimoine pérenne.

Alors, si vous êtes prêt à prendre en main votre destin financier et à poser les bases de votre liberté, alors tournez vite la page. Votre aventure commence maintenant, et croyez-moi, elle sera passionnante, enrichissante et pleine de belles surprises !

À votre réussite,

Jérémie

PARTIE 1

LES FONDAMENTAUX DE L'INVESTISSEMENT DANS LES PARKINGS ET LES GARAGES

1
Pourquoi investir dans les parkings et les garages ?

*"Investir dans les parkings et garages,
c'est protéger son épargne et préparer sa liberté financière."*

Si vous recherchez un moyen efficace de protéger votre épargne, de générer des revenus complémentaires et de préparer sereinement votre retraite, l'investissement dans les parkings et les garages est une option à ne pas sous-estimer. Accessible à tous, cette stratégie ouvre les portes d'une plus grande liberté financière.

Protéger son épargne et générer des revenus complémentaires

Dans un monde où l'incertitude économique règne, il est plus que jamais essentiel de protéger votre épargne pour générer des revenus complémentaires. L'inflation, tel un voleur silencieux, grignote chaque année la valeur de votre argent durement gagné. Elle s'apparente à une forme de terrorisme économique. Face à cette menace, l'investissement dans les parkings et les garages apparaît comme une solution astucieuse et accessible à tous.

Imaginez que vous puissiez mettre votre argent à l'abri, tout en lui permettant de fructifier. C'est précisément ce que vous offre l'investissement dans les parkings et les garages. En acquérant ces biens immobiliers, vous créez une source de revenus réguliers, qui viendra compléter vos revenus professionnels et vous offrira une plus grande sérénité financière.

Mais les avantages ne s'arrêtent pas là. Investir dans les parkings et les garages, c'est aussi préparer activement sa retraite. En effet, les trimestres manquants pour bénéficier d'une retraite confortable peuvent être comblés grâce aux revenus générés par ces investissements. C'est une façon intelligente de prendre en main son avenir et de s'assurer une retraite paisible.

De plus, en diversifiant vos sources de revenus, vous réduisez votre dépendance à votre emploi. Vous n'êtes plus à la merci des aléas du marché du travail ou des décisions de votre patron. Vous gagnez en sécurité, en liberté et en autonomie, ce qui est inestimable dans le monde d'aujourd'hui.

Alors, si vous cherchez un moyen efficace de protéger votre épargne, de générer des revenus complémentaires et de préparer sereinement votre retraite, l'investissement dans les parkings et les garages est une option à ne pas négliger. C'est une stratégie accessible à tous, qui peut vous ouvrir les portes d'une plus grande liberté financière.

Les avantages spécifiques de l'investissement dans les parkings et les garages

Investir dans les parkings et les garages présente de nombreux avantages spécifiques qui en font un choix judicieux pour tout investisseur avisé. Tout d'abord, la loi est de votre côté. Contrairement à d'autres types d'investissements immobiliers, vous avez la possibilité d'augmenter les loyers de vos parkings et garages selon vos propres critères. Cette flexibilité vous permet d'optimiser vos revenus et de vous adapter à l'évolution du marché.

Ensuite, les parkings et les garages offrent une source de revenus réguliers. Une fois votre bien loué, vous pouvez compter sur des rentrées d'argent stables et prévisibles, mois après mois. C'est un atout considérable pour gérer sereinement vos finances et planifier vos projets à long terme.

De plus, investir dans les parkings et les garages est une excellente façon de réduire les risques. Comparé à d'autres types d'investissements, le risque de vacance locative est faible, tout comme le risque de dégradations. Vous pouvez donc investir en toute tranquillité d'esprit, sachant que votre bien est à l'abri des mauvaises surprises.

Un autre avantage de taille est la liquidité de ce type d'investissement. Si vous avez besoin de récupérer votre mise rapidement, il est généralement plus facile de vendre un parking ou un garage qu'un appartement ou une maison. C'est un atout précieux pour faire face aux imprévus de la vie ou saisir des opportunités qui se présentent à vous.

Investir dans les parkings et les garages est également une excellente porte d'entrée dans l'immobilier. Avec un faible coût d'investissement initial, vous pouvez vous lancer sans avoir à mobiliser des sommes considérables. C'est l'occasion idéale de vous familiariser avec les rouages de l'investissement immobilier et de développer votre expérience en la matière.

De plus, les parkings et les garages sont des investissements très appréciés des banques. Celles-ci sont généralement enclines à accorder des prêts pour ce type de biens, car elles en reconnaissent la stabilité et la rentabilité. C'est un avantage non négligeable lorsque vous cherchez à financer votre projet d'investissement.

Enfin, investir dans les parkings et les garages, c'est opter pour la tranquillité d'esprit. Les frais d'entretien et d'exploitation sont réduits, il n'y a pas de gros travaux à prévoir et vous n'avez pas à vous soucier du diagnostic de performance énergétique (DPE). Une fois votre bien loué, vous pouvez vous consacrer à d'autres projets, tout en percevant des revenus réguliers.

En somme, l'investissement dans les parkings et les garages offre une multitude d'avantages spécifiques qui en font un choix stratégique pour tout investisseur désireux de se constituer un patrimoine solide et rentable, tout en minimisant les risques et les tracas.

Les tendances du marché des parkings

Le marché des parkings et des garages est en pleine évolution, et les perspectives sont plus que prometteuses pour les investisseurs avisés. Contrairement aux idées reçues, la demande pour ces biens ne cesse de croître, portée par des tendances de fond qui façonnent notre société.

Tout d'abord, l'urbanisation croissante et la densification des centres-villes créent une pression accrue sur les espaces de stationnement. Les gens ont besoin de places pour garer leur véhicule, et cette demande ne montre aucun signe de faiblesse. C'est une opportunité en or pour les investisseurs qui sauront y répondre.

Ensuite, l'évolution des modes de vie joue également en faveur de l'investissement dans les parkings et les garages. La mobilité géographique est de plus en plus importante, les gens changent régulièrement de ville pour des raisons professionnelles ou personnelles. Avoir un espace de stockage sécurisé pour leurs biens devient alors une nécessité.

De même, les séparations de couples, de plus en plus fréquentes, alimentent la demande pour ces biens. Lorsque deux personnes se séparent, elles ont souvent besoin d'un endroit pour stocker temporairement leurs affaires, le temps de retrouver un nouveau logement.

Un autre facteur clé est le manque d'espace dans les logements modernes. Les appartements sont de plus en plus petits, et les gens ont besoin d'espaces de rangement supplémentaires. Les parkings et les garages répondent parfaitement à ce besoin, offrant une solution pratique et abordable.

Enfin, l'absence de diagnostic de performance énergétique (DPE) pour les garages est un avantage considérable. Alors que les exigences en matière de performance énergétique se renforcent pour les logements, les investisseurs dans les parkings et les garages n'ont pas à se soucier de cette contrainte. C'est un atout de taille dans un marché immobilier de plus en plus réglementé.

En résumé, le marché des parkings et des garages est porté par des tendances structurelles fortes, qui en font un secteur d'investissement attractif et prometteur. Partout où il y a des boxs, il y a une opportunité à saisir pour les investisseurs clairvoyants.

Pour illustrer concrètement le potentiel de ce type d'investissement, prenons l'exemple des SCPI (Sociétés Civiles de Placement Immobilier). Bien que populaires auprès des investisseurs, les SCPI ne permettent pas d'investir directement dans l'immobilier physique. En revanche, avec les parkings et les garages, vous avez la possibilité d'acquérir un bien tangible, tout en bénéficiant d'une rentabilité attractive.

Imaginez que vous investissiez dans un garage à 10 000 euros. En louant ce bien à 90 euros par mois, vous générez un revenu annuel de 1 080 euros, soit une rentabilité brute de près de 11%. C'est bien plus que ce que vous pourriez obtenir avec la plupart des placements classiques, comme les livrets d'épargne ou les obligations.

Mais ce n'est pas tout. En investissant dans les parkings et les garages, vous ne prenez pas de risques vous-même. Une fois votre bien loué, vous n'avez plus à vous en soucier au quotidien. Vous pouvez vous concentrer sur d'autres projets, tout en percevant des revenus réguliers et en vous constituant un patrimoine solide.

Alors, si vous cherchez une manière intelligente et rentable d'investir dans l'immobilier, ne passez pas à côté des parkings et des garages. C'est une opportunité unique de prendre en main votre avenir financier et de générer des revenus passifs sur le long terme.

Pour conclure ce chapitre, je vous invite à prendre le temps de réfléchir aux raisons qui vous poussent à vouloir investir dans les parkings et les garages. Notez ces raisons sur papier, ainsi que les éventuels freins qui vous retiennent encore. Puis, établissez votre plan d'action en conséquence.

N'hésitez pas à imprimer ce plan et à l'afficher sur votre porte de réfrigérateur, ou dans un endroit où vous le verrez chaque jour. C'est un rappel visuel puissant qui vous aidera à rester concentré sur votre objectif et à surmonter les obstacles qui se dresseront sur votre chemin.

Rappelez-vous que l'investissement dans les parkings et les garages est à la portée de tous. Avec un peu de détermination, de persévérance et de savoir-faire, vous pouvez vous aussi prendre en main votre destin financier et bâtir un patrimoine solide pour vous et vos proches.

Alors, prêt à passer à l'action ? Le moment est venu de franchir le pas et de saisir les opportunités qui s'offrent à vous. L'investissement dans les parkings et les garages n'attend plus que vous !

2
Les inconvénients et les solutions

*"Chaque problème a sa solution : en immobilier,
il suffit de bien s'informer et de s'adapter."*

Investir dans les parkings et les garages peut sembler être un jeu d'enfant au premier abord. Cependant, comme tout investissement, il comporte son lot de défis et d'obstacles à surmonter. Mais ne vous inquiétez pas, avec un peu de préparation et de stratégie, vous serez en mesure de transformer ces inconvénients en opportunités de croissance et de réussite.

Déconstruire les idées reçues sur l'investissement dans les parkings et les garages

Commençons par démystifier quelques idées reçues sur l'investissement dans les parkings et les garages. Certains prétendent que c'est beaucoup d'efforts pour peu d'argent à la clé. Rien n'est plus faux ! Avec une bonne sélection de biens et une gestion rigoureuse, les rentabilités peuvent être exceptionnelles. De plus, une fois votre méthode d'investissement rodée, vous pourrez facilement reproduire vos opérations d'achat et multiplier vos sources de revenus.

Ne laissez pas les sceptiques vous décourager. Rappelez-vous que les meilleurs investissements sont souvent ceux que la majorité des gens ignorent ou sous-estiment. En vous lançant dans l'investissement dans les parkings et les garages, vous faites preuve d'audace et de clairvoyance. Vous sortez des sentiers battus pour saisir des opportunités uniques et construire votre propre succès.

Permettez-moi de vous raconter l'histoire d'un de mes investissements les plus marquants. C'était en 2018, dans une petite ville du Nord-Pas-de-Calais, connue pour son taux de chômage élevé et son niveau de pauvreté. Denain, pour ne pas la citer. Un jour, je suis tombé sur une annonce pour un box affiché à seulement 5000€. Intrigué, j'ai décidé d'aller voir de plus près.

Une fois sur place, j'ai rencontré le propriétaire, un jeune homme qui avait voulu se lancer dans l'investissement immobilier dans cette ville car les prix étaient abordables et la rentabilité excellente. C'était aussi la ville où vivait sa petite amie de l'époque. Je tiens à préciser que je n'investirais jamais dans de l'immobilier d'habitation à Denain, car c'est le meilleur moyen de s'exposer à de gros risques d'impayés avec les locataires. En revanche, pour un box de parking, l'enjeu est tout autre et les risques sont minimes !

À l'époque, j'habitais à Paris, mais je connais bien le Nord car c'est ma région d'origine. Le propriétaire voulait se défaire de ce box le plus rapidement possible car il s'était séparé de sa compagne et souhaitait refaire sa vie sans aucune attache avec cette ville qui lui rappelait son chagrin d'amour. Voyant que le prix était déjà ridiculement bas et qu'il était pressé de vendre, je lui ai proposé 2500€, soit le prix auquel lui-même l'avait acheté. Il a accepté sans hésiter, car il ne perdait pas d'argent et pouvait ainsi tourner la page.

De plus, il vivait dans une ville éloignée d'une centaine de kilomètres, ce qui lui semblait trop loin pour gérer ce box. J'ai acquiescé en disant "bien sûr...", alors que j'habitais moi-même en banlieue parisienne, à plus de 200 km. Ce qui était un problème pour lui ne l'était donc pas pour moi.

Aujourd'hui, ce box est entièrement remboursé et me permet de dégager une rentabilité nette de 14%. Si j'ai réussi à le faire, alors vous pouvez y arriver aussi ! Certes, cet investissement n'est pas "sexy", mais il est diaboliquement rentable ! De plus, cette opération est facilement reproductible, comme nous le verrons par la suite.

Cette expérience m'a appris une leçon précieuse : parfois, les meilleures opportunités se cachent là où on ne les attend pas. Il faut savoir garder l'esprit ouvert, être à l'écoute du marché et saisir les occasions quand elles se présentent. Avec un peu de flair, de la détermination et une bonne dose de résilience, il est possible de transformer un investissement modeste en une véritable machine à cash.

Alors, si vous aussi vous rêvez de liberté financière et d'indépendance, n'ayez pas peur de sortir des sentiers battus. Osez explorer des pistes moins conventionnelles, comme l'investissement dans les parkings et les garages. Qui sait, peut-être que votre prochain coup de maître vous attend au détour d'une petite annonce, dans une ville que tout le monde semble avoir oubliée. Gardez les yeux ouverts, restez à l'affût, et surtout, n'abandonnez jamais vos rêves. Avec de la persévérance et un peu d'audace, tout devient possible !

Gérer le turn-over et les problèmes de sécurité

Un autre défi souvent mentionné est celui du turn-over, c'est-à-dire la rotation des locataires. Effectivement, il peut arriver que des locataires ne restent pas longtemps, ce qui implique de trouver de nouveaux occupants régulièrement. Mais rassurez-vous, il existe des solutions simples et efficaces pour minimiser ce problème.

Lorsqu'il s'agit de louer mes parkings ou mes garages, j'ai une règle d'or : je refuse systématiquement les locations d'une durée inférieure à 6 mois. C'est un principe que je m'impose pour plusieurs raisons, et je vais vous expliquer pourquoi.

Tout d'abord, accepter des locations de courte durée, c'est s'exposer à un turn-over important. Imaginez : vous venez à peine de trouver un locataire, de signer le bail, de lui remettre les clés... et hop, trois mois plus tard, il faut recommencer tout le processus ! Non seulement c'est chronophage, mais c'est aussi une source de stress et d'incertitude. Chaque changement de locataire est une période de flottement pendant laquelle votre bien ne génère pas de revenus.

En refusant les locations de courte durée, je m'assure une certaine stabilité. Je sais que mon locataire s'engage pour au moins 6 mois, ce qui me laisse le temps de souffler et de percevoir des loyers réguliers. C'est essentiel pour maintenir une rentabilité constante et pour éviter les périodes de vacance qui peuvent plomber votre trésorerie.

Mais comment faire en pratique pour filtrer les demandes de location ? C'est très simple : dès le premier contact téléphonique, je pose la question directement au candidat locataire. "Souhaitez-vous louer pour une courte durée ou pour une longue durée ?". En général, les gens sont honnêtes et vous répondent franchement. S'ils cherchent une location de quelques semaines ou de quelques mois, je leur explique poliment que je privilégie les engagements de plus longue durée. La plupart du temps, ils comprennent parfaitement et il n'y a pas de malentendu.

Et vous savez quoi ? Une fois que j'ai trouvé le bon locataire et que la location est en place, je n'en entends plus parler ! C'est le scénario idéal : vous encaissez les loyers chaque mois sans avoir à vous soucier de quoi que ce soit. Votre bien est entre de bonnes mains et vous pouvez vous concentrer sur d'autres projets.

Alors, si vous voulez vous lancer dans l'investissement dans les parkings et les garages, retenez bien ce conseil : refusez systématiquement les locations de courte durée. C'est la clé pour minimiser le turn-over et pour sécuriser vos revenus sur le long terme.

Votre objectif, c'est de trouver le locataire idéal, celui qui va rester pendant des mois, voire des années. C'est comme ça que vous allez pouvoir optimiser votre rentabilité et transformer votre investissement en une véritable machine à cash. Imaginez : chaque mois, vous recevez un virement automatique sur votre compte, sans avoir à lever le petit doigt. C'est ça, la vraie liberté financière !

Alors, ne vous laissez pas tenter par les locations éphémères, aussi alléchantes soient-elles. Gardez les yeux rivés sur le long terme, sur cette stabilité qui fera toute la différence. Avec un peu de patience et de sélectivité, vous finirez par dénicher la perle rare, ce locataire fiable qui vous accompagnera dans la durée.

Et croyez-moi, quand vous aurez goûté à cette tranquillité d'esprit, à ces revenus récurrents qui tombent chaque mois sans effort, vous ne pourrez plus vous en passer. C'est ça, la magie de l'investissement dans les parkings et les garages : une rentabilité solide, pérenne, qui vous offrira une véritable sérénité financière. Alors, prêt à relever le défi ?

La sécurité est un aspect crucial lorsqu'il s'agit d'investir dans les parkings et les garages. Il serait naïf de nier que ces biens peuvent parfois attirer l'attention de voleurs ou de vandales mal intentionnés. Cependant, il existe de nombreuses solutions pour se prémunir contre ces risques, sans pour autant se ruiner.

Avant toute chose, la vigilance est de mise dans le choix de l'emplacement de vos biens. Privilégiez systématiquement les zones réputées sûres, bien fréquentées et éclairées. Un garage situé dans une rue passante, à proximité de commerces ou d'habitations, sera naturellement moins exposé qu'un box isolé dans un quartier désert. Cette règle de bon sens vous évitera bien des tracas.

Ensuite, il existe des aménagements simples et peu coûteux qui peuvent considérablement renforcer la sécurité de vos biens. L'ajout de points de serrage supplémentaires, par exemple, est une mesure particulièrement efficace. Concrètement, il s'agit d'installer des ancrages solides sur les murs ou le sol du box, auxquels on peut fixer des cadenas ou des chaînes. Ainsi, même si un voleur parvient à forcer la porte, il sera considérablement ralenti dans sa progression, ce qui peut suffire à le décourager.

Lorsque j'ai équipé mes propres box de ces points d'ancrage, cela m'a coûté environ une vingtaine d'euros par unité. Un investissement modeste, mais qui peut faire toute la différence. Parfois, il suffit simplement de rajouter une charnière sur laquelle on fixe un cadenas relié au mur. L'idée, vous l'aurez compris, n'est pas de créer une forteresse imprenable, mais de compliquer suffisamment la tâche des malfaiteurs pour qu'ils renoncent et aillent voir ailleurs.

Bien sûr, il existe des solutions plus sophistiquées, comme l'installation de caméras de surveillance. Mais attention, cela représente un investissement nettement plus conséquent, sans parler des autorisations nécessaires auprès de la copropriété. À moins d'avoir affaire à des biens de très grande valeur, mieux vaut privilégier les options simples et économiques.

Un point essentiel à garder en tête : votre rôle, en tant que propriétaire, est de fournir un espace sécurisé, pas de garantir l'intégrité des biens qui y sont entreposés. Si, malgré toutes les précautions, un locataire est victime d'une effraction, c'est son assurance qui prendra le relais pour indemniser les pertes. Être transparent sur ce point dès la signature du bail vous évitera bien des malentendus et des conflits stériles.

En résumé, la sécurité de vos parkings et garages repose sur trois piliers : un emplacement judicieux, des aménagements dissuasifs et une communication claire avec vos locataires. En gardant ces principes à l'esprit, vous pourrez aborder sereinement cet aspect de votre investissement, sans céder à la paranoïa ni à la surenchère technologique.

Rappelez-vous : l'objectif n'est pas de créer un bunker inviolable, mais de dissuader les voleurs opportunistes en leur opposant une résistance suffisante. Avec un peu de bon sens et quelques aménagements bien pensés, vous pouvez offrir à vos locataires un environnement sûr et protégé, tout en préservant la rentabilité de votre investissement. C'est tout l'art du compromis intelligent, qui fait la différence entre un investisseur averti et un propriétaire angoissé.

Surmonter les défis de la gestion à distance et de la délégation

Enfin, il y a la question de la gestion au quotidien. Certains d'entre vous se disent peut-être : "Mais je n'ai pas le temps de gérer des parkings et des garages en plus de mon activité professionnelle !".

C'est une préoccupation légitime, mais qui ne doit pas freiner votre élan. La gestion d'un parking ou d'un garage demande certes un peu de rigueur et d'organisation, mais rien d'insurmontable. Il faut établir un bail en deux exemplaires, réaliser un état des lieux détaillé, encaisser les loyers... Mais une fois ces tâches administratives réglées, la gestion courante est relativement légère. De fait, elle consiste à pointer vos loyers !

Pour vous faciliter la vie, vous pouvez mettre en place quelques astuces simples. Par exemple, demandez systématiquement une caution de deux mois de loyer d'avance à vos locataires. Cela vous évitera les impayés et vous permettra de voir venir en cas de problème. C'est comme avoir un matelas de sécurité pour votre investissement.

Et si malgré tout, vous vous sentez débordé ou si vous habitez loin de vos biens, il est toujours possible de déléguer la gestion. Vous pouvez faire appel à une agence immobilière ou à un gestionnaire indépendant. Mais attention, veillez à négocier un forfait annuel, sans quoi votre rentabilité pourrait en pâtir. C'est un peu comme choisir un bon lieutenant pour diriger vos troupes : il faut quelqu'un de confiance, compétent et qui ne vous ruinera pas en frais de gestion.

Enfin, si vous visez l'acquisition d'ensembles de parkings ou de garages, sachez que vous entrez sur un marché d'investisseurs avertis. Il faudra redoubler d'efforts pour dénicher les bonnes affaires et négocier des prix avantageux. Mais c'est aussi l'occasion de démontrer votre expertise et de vous faire une place au soleil dans le monde de l'investissement immobilier.

Pour conclure ce chapitre, je voudrais aborder un point que les formateurs en ligne et les YouTubers passent souvent sous silence :

l'investissement dans les parkings et les garages demande du temps et de la persévérance. Il peut y avoir des périodes de turn-over, des défis à relever, des obstacles à surmonter. Mais c'est justement dans ces moments-là que vous forgez votre réussite.

Rappelez-vous que tout investissement sérieux demande des efforts et de la détermination. Les résultats ne sont pas toujours immédiats, mais avec de la constance et de la ténacité, vous finirez par récolter les fruits de votre labeur. C'est comme planter un arbre : il faut prendre soin de lui chaque jour, même si on ne voit pas immédiatement les résultats. Mais au fil du temps, il grandit, s'enracine et finit par donner de beaux fruits.

Alors, si vous êtes prêt à relever le défi et à faire preuve de persévérance, lancez-vous dès maintenant dans l'aventure de l'investissement dans les parkings et les garages. Commencez immédiatement par sélectionner une dizaine de biens potentiels dans un rayon de 20 km autour de chez vous. Analysez-les à la lumière des critères que nous avons évoqués, et n'hésitez pas à vous rendre sur place pour vous faire votre propre opinion.

C'est en passant à l'action que vous transformerez vos rêves en réalité. Chaque pas que vous ferez, chaque parking ou garage que vous étudierez, vous rapprochera un peu plus de votre objectif. Alors, n'attendez plus et lancez-vous dans cette aventure passionnante qu'est l'investissement dans les parkings et les garages. Votre future liberté financière n'attend plus que vous !

Si vous trouvez ne serait-ce qu'une idée, qu'une astuce, qu'une piste de réflexion utile dans cet ouvrage, alors vous pouvez me rendre un immense service : celui d'écrire un commentaire sur Amazon. Même quelques mots suffisent à donner de la visibilité à mon travail. D'avance, un grand merci pour votre générosité !

3
Les critères essentiels pour réussir son investissement

"Le succès dans l'immobilier repose sur la rigueur et le respect des critères essentiels."

Investir dans les parkings et les garages peut s'avérer être une excellente opportunité pour générer des revenus passifs et se constituer un patrimoine solide. Cependant, pour maximiser vos chances de réussite, il est crucial de prendre en compte certains critères techniques, économiques et financiers. Dans ce chapitre, nous allons passer en revue les points clés qui feront de votre investissement un véritable succès.

Les caractéristiques techniques à prendre en compte

Lorsque vous envisagez d'acquérir un parking ou un garage, il est essentiel de vous assurer que le bien répond à certaines normes techniques. En premier lieu, veillez à ce que la taille du lot soit conforme aux standards du marché, à savoir environ 2,5 mètres de largeur pour 5 mètres de longueur. Cette superficie permet d'accueillir confortablement la plupart des véhicules, tout en offrant un espace de manœuvre suffisant.

Ensuite, portez une attention particulière aux charges de copropriété. Celles-ci peuvent en effet grever significativement la rentabilité de votre investissement si elles sont trop élevées. À titre personnel, je recommande d'éviter les copropriétés qui emploient des concierges ou qui disposent d'ascenseurs, car ces services se répercutent inévitablement sur les charges. De même, méfiez-vous des résidences dotées d'espaces verts, de piscines ou de courts de tennis, qui engendrent des frais d'entretien conséquents.

Enfin, si vous avez la possibilité d'opter pour un box en surface plutôt qu'en sous-sol, n'hésitez pas. Non seulement ces lots sont généralement plus lumineux et plus agréables, mais ils offrent également une plus grande polyvalence d'usage. Ils peuvent notamment être loués à des artisans qui y entreposent leur matériel et leurs véhicules professionnels, ce qui élargit considérablement votre bassin de locataires potentiels.

L'importance de la demande locative et de la rentabilité

Au-delà des aspects techniques, il est primordial d'évaluer la demande locative et la rentabilité prévisionnelle de votre investissement. Pour ce faire, rien ne vaut une étude de marché minutieuse. Une astuce consiste à publier une annonce fictive sur les principaux sites de location, en testant différents niveaux de loyer. Si votre téléphone ne cesse de sonner et que vous êtes submergé de demandes, c'est le signe d'un marché porteur et d'un prix potentiellement sous-évalué.

Pour calculer la rentabilité de votre investissement, deux indicateurs sont à surveiller de près : le rendement locatif brut et le rendement locatif net. Le premier se calcule en divisant le loyer annuel perçu par le prix d'achat du bien, le tout multiplié par 100. Par exemple, si vous percevez 1 200 euros de loyer par an pour un garage acheté 20 000 euros, votre rendement brut sera de 6%.

Le rendement net, quant à lui, tient compte des diverses charges et frais inhérents à la location (impôts, assurances, entretien, etc.). Pour l'obtenir, il suffit de soustraire ces charges au loyer annuel, puis de diviser le résultat par le prix d'achat, avant de multiplier par 100. Si, pour reprendre notre exemple précédent, vos charges s'élèvent à 200 euros par an, votre rendement net sera de 5%.

Bien entendu, ces chiffres ne sont qu'indicatifs et peuvent varier sensiblement d'un bien à l'autre. Mais ils vous donnent un précieux point de repère pour évaluer la pertinence de votre investissement et négocier au mieux votre acquisition.

Les règles d'or pour obtenir votre crédit immobilier

Si vous envisagez de financer votre achat par un emprunt bancaire, il est impératif de vous familiariser avec les règles qui régissent l'octroi de crédit. La plus importante d'entre elles est sans conteste la fameuse "règle des 70%". Concrètement, cela signifie que la banque ne prendra en compte que 70% des loyers prévisionnels pour évaluer votre capacité d'emprunt.

Imaginons que vous visiez un garage dont le loyer potentiel s'élève à 100 euros par mois. La banque ne retiendra que 70 euros dans son calcul de solvabilité, comme si elle appliquait une décote forfaitaire de 30%. C'est une pratique courante dans le milieu bancaire, qui vise à se prémunir contre d'éventuels impayés ou vacances locatives.

Aussi frustrant que cela puisse paraître, il est crucial de respecter cette règle dans vos simulations si vous voulez mettre toutes les chances de votre côté. N'essayez pas de contourner le système en gonflant artificiellement vos prévisions de loyers, cela ne ferait que fragiliser votre dossier. Les banquiers sont rompus à l'exercice et savent déceler les projections trop optimistes.

De manière générale, la transparence et la rigueur sont de mise lorsque vous montez votre dossier de financement. Résistez à la tentation d'enjoliver la réalité ou de tordre les chiffres, même si cela part d'une bonne intention. Non seulement vous risqueriez de vous mettre en difficulté par la suite, mais vous pourriez également entacher votre crédibilité auprès de votre banquier.

En résumé, pour réussir votre investissement dans les parkings et les garages, gardez à l'esprit ces trois piliers : des caractéristiques techniques conformes aux standards du marché, une demande locative avérée et une rentabilité solide, et un plan de financement réaliste et cohérent. En vous appuyant sur ces fondements, vous mettrez toutes les chances de votre côté pour faire de votre acquisition un véritable succès.

Mais comment dénicher les meilleures opportunités dans un marché parfois opaque et concurrentiel ? C'est tout l'objet de notre prochain chapitre, qui vous livrera les secrets pour repérer et saisir les affaires les plus prometteuses. En attendant, je vous invite à passer à l'action dès maintenant en mettant en pratique les enseignements de ce chapitre.

Commencez par configurer votre navigateur Internet de manière à ce qu'il affiche automatiquement les résultats des recherches qui vous intéressent. Qu'il s'agisse de Leboncoin, de SeLoger.com ou d'autres plateformes spécialisées, l'objectif est de pouvoir d'un coup d'œil identifier les nouvelles annonces dès leur parution. N'hésitez pas à consulter ces sites plusieurs fois par jour, le matin, à midi et le soir, pour être certain de ne rien manquer.

Ensuite, passez au crible les biens que vous avez précédemment sélectionnés à l'aune des critères évoqués dans ce chapitre. Éliminez sans regret ceux qui présentent des charges excessives, une rentabilité insuffisante ou des caractéristiques techniques non conformes. Concentrez-vous sur les pépites qui répondent à tous vos critères et qui offrent un véritable potentiel.

Enfin, gardez à l'esprit que les meilleures affaires sont souvent celles qui présentent un défaut apparent. Une porte de garage abîmée, une toiture en fibrociment à remplacer, un accès malcommode... Autant d'éléments qui peuvent effrayer le profane, mais qui sont en réalité des opportunités en or pour l'investisseur avisé. En identifiant ces points d'amélioration, vous pourrez négocier des prix d'achat plus attractifs et valoriser ensuite votre bien en réalisant les travaux nécessaires.

N'ayez pas peur de vous confronter à ces petits défis, ils font partie intégrante du jeu de l'investissement immobilier. Avec un peu de créativité et de débrouillardise, vous serez surpris de constater à quel point il est facile et abordable de remettre un garage en état. Une porte neuve coûte rarement plus de 200 euros dans les magasins de bricolage, et même le remplacement d'une toiture en fibrociment peut être réalisé pour environ 1 000 euros par un couvreur professionnel.

Une autre idée intéressante pour valoriser votre investissement consiste à bétonner le sol d'un garage initialement en terre battue. Cette amélioration présente de multiples avantages, tant sur le plan locatif que fiscal.

Tout d'abord, un sol en béton offre un aspect plus soigné et plus pratique qu'un simple sol en terre. Cela peut sembler un détail, mais pour un locataire, c'est un véritable plus qui justifie un loyer légèrement supérieur. En effet, un sol bétonné est plus facile à entretenir, plus hygiénique et plus adapté au stockage de biens et d'équipements. C'est un argument de poids pour attirer des locataires exigeants et fidèles.

De plus, en réalisant ces travaux, vous augmentez mécaniquement la valeur de votre bien. Un garage avec un sol en béton est naturellement plus prisé qu'un garage en terre battue, ce qui se reflétera dans son prix de vente le jour où vous déciderez de vous en séparer. C'est un excellent moyen de vous constituer un patrimoine solide et pérenne, tout en maximisant votre plus-value potentielle.

Enfin, et c'est un avantage non négligeable, le coût des travaux de bétonnage est généralement déductible de vos bénéfices imposables. Concrètement, cela signifie que vous pouvez amortir cette dépense sur plusieurs années et ainsi réduire votre facture fiscale. C'est toute la magie de l'investissement immobilier : en optimisant votre stratégie, vous pouvez à la fois augmenter vos revenus et diminuer vos impôts !

Bien entendu, comme pour tout ce qui touche à la fiscalité, il est important de bien se renseigner en amont et de respecter scrupuleusement les règles en vigueur. Nous aurons l'occasion de revenir plus en détail sur ces questions dans un chapitre dédié, où nous passerons en revue les différents régimes fiscaux et les astuces pour optimiser votre situation.

Mais d'ores et déjà, retenez que le bétonnage d'un sol de garage est une opération relativement simple et abordable, qui peut avoir un impact significatif sur la rentabilité et l'attractivité de votre bien. Alors, si vous avez la possibilité de réaliser ces travaux, n'hésitez pas : c'est un investissement malin !

Bien sûr, il faut savoir raison garder et ne pas se lancer dans des chantiers pharaoniques qui grèveraient la rentabilité de votre investissement. Mais entre une remise en état superficielle et une rénovation lourde, il y a tout un éventail de possibilités pour améliorer votre bien à moindre coût. L'essentiel est de toujours garder à l'esprit votre objectif final : louer rapidement et durablement votre garage pour en tirer des revenus réguliers.

En suivant ces conseils et en faisant preuve d'un peu de discernement, vous serez armé pour dénicher les meilleures opportunités du marché et faire de votre investissement dans les parkings et les garages une véritable success story. Alors, prêt à relever le défi et à partir à la chasse aux bonnes affaires ? Le prochain chapitre vous livrera toutes les astuces pour repérer et saisir les pépites qui feront votre succès !

PARTIE 2

LES SECRETS POUR BIEN ACHETER SON PARKING OU SON GARAGE

4
Choisir le bon emplacement

*"L'emplacement, l'emplacement, et encore l'emplacement :
la clé de l'investissement immobilier réussi."*

Vous êtes sur le point de vous lancer dans l'aventure de l'investissement immobilier, et plus précisément dans l'acquisition d'un parking ou d'un garage. Félicitations ! C'est une décision judicieuse qui peut vous ouvrir les portes d'une liberté financière durable. Mais pour que votre projet soit couronné de succès, il est crucial de choisir le bon emplacement. Comme le disent les experts, en immobilier, les trois critères les plus importants sont : l'emplacement, l'emplacement et encore l'emplacement !

Les critères de sélection géographique

Lorsque vous partez à la recherche de votre futur investissement, vous devez garder à l'esprit quelques règles d'or. Tout d'abord, sachez que les parkings situés en centre-ville, bien que très prisés, offrent généralement une rentabilité moins intéressante que ceux de banlieue ou de province. En effet, dans les grandes agglomérations, l'approche est souvent plus patrimoniale, avec des investisseurs qui cherchent avant tout à placer leur argent dans des biens spéculatifs, dans l'espoir de les revendre plus cher à terme.

En revanche, si votre objectif est de générer des revenus réguliers et conséquents, je vous recommande de cibler les zones périphériques et les villes de taille moyenne. C'est là que vous trouverez les meilleures opportunités, avec des biens offrant des rendements bruts avoisinant les 10%. Les bordures de villes sont particulièrement intéressantes, car elles combinent une forte demande locative avec des prix d'acquisition encore raisonnables.

Mais l'emplacement ne se résume pas à une simple question de géographie. Il faut aussi être attentif aux caractéristiques intrinsèques du bien. Assurez-vous que l'accès au garage est aisé, que la hauteur sous plafond est suffisante pour accueillir la plupart des véhicules, et que la superficie est conforme aux standards du marché. Un box trop petit, trop bas ou trop difficile d'accès aura du mal à trouver preneur, même dans une zone très demandée.

Identifier les signes d'un investissement prometteur

Au-delà de ces critères de base, il existe des signes plus subtils qui peuvent vous mettre sur la piste d'un investissement particulièrement rentable. J'ai pour habitude de dire qu'un garage présentant ces cinq caractéristiques a trois fois plus de chances de se louer dans les 24 heures :

1. Le garage est en surface, ce qui est toujours plus attractif pour les locataires.
2. L'allée centrale est goudronnée et en bon état, témoignant d'un entretien régulier.
3. La toiture est récente et en bac acier, garantissant une étanchéité optimale.
4. Tous les garages alentour sont occupés, signe d'une forte demande locative.
5. Dès la publication de l'annonce, vous recevez de nombreux appels de personnes intéressées.

Si le bien que vous convoitez coche toutes ces cases, n'hésitez pas une seconde : vous tenez là une pépite rare !

Étude de cas : comment j'ai choisi mon premier garage

Pour illustrer ces principes, laissez-moi vous raconter comment j'ai sélectionné mon tout premier investissement dans un garage. C'était en 2014, dans la ville de Montreuil, en région parisienne. Après avoir épluché les cartes municipales indiquant les tarifs de stationnement, j'ai repéré une zone particulièrement intéressante, le long du boulevard de la Boissière, à proximité de l'hôpital. Les places y étaient hors de prix et la demande locative extrêmement forte.

Armé de cette information, je me suis mis en quête du garage idéal. J'ai arpenté le quartier, discuté avec les riverains, les commerçants, les locataires de garages. Mon objectif était de cerner au mieux les besoins et les attentes du marché local, mais aussi de déceler d'éventuels problèmes de sécurité ou de voisinage.

C'est alors que j'ai repéré une petite annonce pour un box situé dans une résidence sécurisée, à deux pas de l'hôpital. Le bien ne cochait pas toutes les cases : en sous-sol avec accès plafond qui empêchait les l'accès aux véhicule de plus d'un mètre quatre-vingt, une porte en bon état et un sol bétonné. Ces défauts me donnaient des arguments de négociation.

Je n'ai pas hésité une seconde. J'ai contacté le propriétaire, visité le bien et fait une offre le jour même en négociant le prix à 12600€. Quelques semaines plus tard, j'étais l'heureux propriétaire de mon premier garage, et les locataires se bousculaient au portillon !

Cet exemple illustre parfaitement l'importance d'une bonne sélection géographique, mais aussi d'une approche terrain. N'hésitez pas à vous rendre sur place, à vous imprégner de l'ambiance du quartier, à discuter avec les habitants. C'est en étant au plus près du marché que vous dénicherez les meilleures opportunités.

Et surtout, ne vous laissez pas décourager si vous ne trouvez pas immédiatement la perle rare. Comme le dit si bien Robert Kiyosaki, "l'investissement immobilier est un marathon, pas un sprint". Armez-vous de patience, de persévérance et de rigueur, et vous finirez par trouver le bien qui fera décoller votre rentabilité.

En attendant, je vous invite à passer à l'action dès maintenant. Choisissez une zone géographique qui vous inspire confiance, étudiez les prix du marché, renseignez-vous sur les projets d'aménagement à venir.

Et surtout, n'ayez pas peur d'aller sur le terrain, de rencontrer les gens, de visiter des biens. C'est en vous confrontant à la réalité du marché que vous développerez votre flair d'investisseur.

Dans le prochain chapitre, nous aborderons un autre aspect crucial de l'investissement dans les parkings et les garages : comment mener à bien vos visites et évaluer le potentiel d'un bien. Vous découvrirez des astuces concrètes pour repérer les meilleures affaires et négocier comme un pro. Prêt à passer au niveau supérieur ? Alors, tournez vite la page !

5
Réussir ses visites et évaluer le potentiel d'un bien

"Les visites sont cruciales : dialoguez avec les voisins, vérifiez les détails, et ne laissez rien au hasard."

Vous avez repéré quelques annonces prometteuses pour votre futur investissement dans un parking ou un garage ? Parfait ! Il est maintenant temps de passer à l'étape cruciale des visites. C'est le moment de vérité, celui où vous allez pouvoir jauger concrètement le potentiel d'un bien et détecter les meilleures opportunités.

Les points clés à vérifier lors d'une visite

Lors de vos visites, il y a plusieurs éléments essentiels à examiner de près. Tout d'abord, n'hésitez pas à engager la conversation avec les locataires et les voisins présents. Ces personnes sont une mine d'informations précieuses sur la vie du quartier, les éventuels problèmes de sécurité ou de voisinage, la facilité à trouver un locataire... Contrairement au propriétaire ou à l'agent immobilier, ils n'ont aucun intérêt à enjoliver la réalité, alors profitez-en !

Ensuite, soyez attentif à l'accessibilité du bien. Un garage situé au fin fond d'une cour ou dont l'accès est malaisé aura plus de mal à trouver preneur. Examinez aussi l'état général de la copropriété : des parties communes bien entretenues sont le signe d'une gestion saine et rigoureuse.

Autre point crucial : les charges. Renseignez-vous sur leur montant et leur composition. Comme nous l'avons déjà évoqué, la présence d'un gardien ou d'un ascenseur peut faire grimper la facture, grevant d'autant votre rentabilité. Enfin, si possible, demandez à consulter les anciens baux pour vous faire une idée des loyers pratiqués et de la durée d'occupation moyenne.

Estimer la rentabilité et les possibilités d'optimisation

Une fois ces vérifications faites, il est temps de sortir votre calculatrice et d'estimer la rentabilité potentielle du bien. Basez-vous sur les loyers du marché, que vous pouvez facilement évaluer en réalisant quelques annonces tests sur les principaux sites d'annonces immobilières.

Mais ne vous arrêtez pas là ! Un investisseur avisé cherche toujours des moyens d'optimiser son rendement. Cela peut passer par des travaux d'amélioration judicieux, comme la réfection du sol en béton ou la mise en peinture des murs. Ces interventions, souvent peu coûteuses, peuvent faire une vraie différence aux yeux des locataires et justifier une revalorisation du loyer.

Autre piste à explorer : la multi-location. Pourquoi se contenter de louer son garage à une seule personne, quand on peut le partager entre plusieurs utilisateurs ? Par exemple, vous pouvez diviser votre emplacement en deux ou trois places moto, ou encore le proposer en location à la journée ou à la demi-journée. Avec un peu de créativité et de flexibilité, les possibilités sont infinies !

Astuces pour détecter les meilleures opportunités

Vous voulez mettre toutes les chances de votre côté pour dénicher la perle rare ? Voici quelques astuces de pro :

- Concentrez-vous sur les emplacements "boxables", c'est-à-dire ceux qu'on peut facilement transformer en box fermé. C'est un vrai plus pour les locataires, et cela ne coûte pas très cher à réaliser. Attention toutefois à bien obtenir l'accord écrit de la copropriété avant de vous lancer !
- Dans les grandes villes, repérez les emplacements qui peuvent accueillir plusieurs motos. Il suffit parfois d'un simple marquage au sol pour multiplier son rendement par

deux ou trois. C'est particulièrement efficace dans les quartiers d'affaires ou les zones très denses.
- N'hésitez pas à proposer des formules de location originales, comme la location à la journée ou en horaires décalés. C'est idéal pour les propriétaires qui n'utilisent leur garage que ponctuellement, et cela peut permettre de dégager des revenus complémentaires significatifs.
- Enfin, gardez à l'esprit qu'il peut y avoir des écarts de loyers importants au sein d'une même copropriété. J'ai ainsi découvert que dans une résidence où je louais mes garages 80€ par mois, certains propriétaires allaient jusqu'à demander 100€, tandis que d'autres se contentaient de 70€ ! Alors n'ayez pas peur d'expérimenter, quitte à ajuster vos prix par la suite.

En bonus, sachez qu'il existe des aides de l'État pour financer certains travaux, notamment le désamiantage des toitures. Renseignez-vous auprès de l'Anah ou sur le site du gouvernement : cela peut vous faire économiser des sommes substantielles !

Vous l'aurez compris, réussir ses visites et évaluer le potentiel d'un bien demande de la méthode, de l'observation et un peu d'audace. Mais c'est un exercice absolument passionnant, qui vous permettra d'aiguiser votre sens du marché et de repérer les opportunités les plus prometteuses.

Alors, prêt à vous lancer ? Dès aujourd'hui, sélectionnez cinq annonces qui vous font de l'œil et programmez vos visites. Sur place, gardez l'esprit ouvert, posez des questions, notez scrupuleusement vos observations. Et surtout, projetez-vous ! Imaginez le potentiel du bien, les améliorations que vous pourriez apporter, les revenus que vous pourriez en tirer.

C'est cette capacité à voir au-delà des apparences qui fait la différence entre un investisseur lambda et un véritable entrepreneur. Alors, ne vous contentez pas de suivre le mouvement, soyez un précurseur ! Ayez l'audace d'explorer des pistes originales, de sortir des sentiers battus. C'est comme cela que vous dénicherez les pépites qui feront décoller votre rentabilité.

Et si d'aventure vous tombez sur un bien qui vous semble trop beau pour être vrai, ne vous laissez pas aveugler. Gardez la tête froide, restez vigilant. Comme le dit l'adage, "si c'est trop beau pour être vrai, c'est probablement faux". Mais cela ne doit pas vous empêcher d'avancer, d'oser et d'entreprendre.

Rappelez-vous : chaque visite est une expérience, une occasion d'apprendre et de grandir. Alors, même si vous essuyez quelques déconvenues, ne vous découragez pas. Persévérez, ajustez votre stratégie, affinez votre jugement. Avec de la pratique et de la détermination, vous finirez par développer un véritable sixième sens pour repérer les affaires en or.

Et croyez-moi, quand vous aurez trouvé votre premier garage à fort potentiel, quand vous aurez réussi à optimiser sa rentabilité et à dégager des revenus conséquents, vous ne pourrez plus vous arrêter. C'est un sentiment grisant, une véritable addiction. Mais une addiction saine, qui pourrait bien vous mener tout droit vers la liberté financière et l'indépendance.

Alors, qu'attendez-vous ? Enfilez votre plus beau costume de détective immobilier et partez à la chasse aux bonnes affaires ! Votre future fortune vous attend, il ne tient qu'à vous de la saisir.

Dans le prochain chapitre, nous aborderons un autre aspect fondamental de l'investissement dans les parkings et les garages : comment éviter les pièges et les erreurs courantes. Car même avec la meilleure stratégie du monde, il est facile de se laisser piéger par certains écueils.

Vous découvrirez comment déjouer les arnaques les plus fréquentes, comment repérer les biens surévalués ou les copropriétés mal gérées.

Vous apprendrez aussi à vous prémunir contre les mauvais payeurs et les locataires indélicats, pour sécuriser vos revenus sur le long terme.

Car réussir dans l'investissement immobilier, c'est aussi savoir se protéger, anticiper les difficultés, gérer les imprévus. C'est un peu comme conduire une voiture de course : il ne suffit pas d'appuyer sur l'accélérateur, il faut aussi savoir freiner et négocier les virages serrés.

Mais rassurez-vous, avec les conseils et les techniques que vous découvrirez dans ce livre, vous aurez toutes les clés pour piloter votre projet d'investissement avec maestria. Vous développerez des réflexes de prudence, une capacité à détecter les signaux d'alarme, une aptitude à rebondir face aux obstacles.

Et surtout, vous cultiverez cette qualité essentielle qui fait la différence entre les investisseurs médiocres et les grands entrepreneurs : la résilience. Cette capacité à encaisser les coups durs, à apprendre de ses erreurs, à se remettre en question sans jamais renoncer à ses objectifs.

Car sur la route de la réussite, il y aura des embûches, des déceptions, des moments de doute. Mais c'est précisément dans ces moments-là que se révèlent les vrais champions. Ceux qui ont la force de persévérer, de se réinventer, de transformer les échecs en tremplins vers le succès.

Alors, préparez-vous à devenir un de ces champions ! Armez-vous de courage, de détermination et d'optimisme, et lancez-vous à la conquête du marché des parkings et des garages. Avec la bonne stratégie et le bon état d'esprit, vous serez capable de déjouer tous les pièges et de transformer chaque difficulté en opportunité.

6
Éviter les pièges courants

"Évitez les pièges courants en vous informant, en investiguant et en restant vigilant."

Warren Buffet

Investir dans les parkings et les garages peut être une aventure incroyablement rentable et gratifiante. Cependant, comme tout voyage vers le succès, la route est parfois semée d'embûches. Pour atteindre votre destination, vous devrez naviguer avec habileté et éviter les pièges qui pourraient faire dérailler votre projet. Mais ne vous inquiétez pas ! Avec les bons outils et les bonnes connaissances, vous serez capable de déjouer tous les obstacles et de transformer chaque défi en opportunité.

Maîtriser les charges de copropriété et les frais annexes

L'un des pièges les plus insidieux dans l'investissement immobilier, ce sont les charges de copropriété. Ces dépenses récurrentes, si elles ne sont pas correctement anticipées et maîtrisées, peuvent sérieusement entamer votre rentabilité. C'est un peu comme un petit caillou dans votre chaussure : au début, vous ne le sentez presque pas, mais à force de marcher, il devient de plus en plus gênant, jusqu'à vous empêcher d'avancer.

Pour éviter cette situation, il est crucial de passer au crible les documents relatifs aux charges, notamment les procès-verbaux d'assemblée générale. Ces compte-rendus sont une mine d'informations précieuses sur la santé financière de la copropriété, les travaux prévus, les éventuels impayés... Étudiez-les avec attention, comme un détective à la recherche d'indices. Chaque détail compte !

Autre point de vigilance : les frais annexes. Entre la taxe foncière, les frais d'agence, les frais de notaire (qui peuvent représenter jusqu'à 20% du prix d'achat pour un box), les déplacements pour les visites... les dépenses s'accumulent vite. Ayez une vision globale de tous ces coûts et intégrez-les dans votre calcul de rentabilité. C'est essentiel pour éviter les mauvaises surprises !

Bien lire les documents juridiques et assister aux assemblées générales

Investir dans un parking ou un garage, c'est aussi devenir copropriétaire. Et qui dit copropriété, dit règlement, assemblées générales, décisions collectives... Autant d'aspects juridiques qu'il est essentiel de maîtriser pour défendre vos intérêts.

Prenez le temps de lire attentivement le règlement de copropriété, ce "code de la route" qui régit la vie de l'immeuble. Assurez-vous qu'il n'y a pas de clause restrictive qui pourrait entraver votre projet, comme une interdiction de louer à des professionnels par exemple.

Et surtout, ne manquez pas les assemblées générales ! C'est là que se prennent les décisions importantes, notamment en matière de travaux. Imaginez que les copropriétaires décident de refaire l'allée centrale de la batterie : c'est un gros problème si ces travaux n'apportent pas de plus-value à votre bien. Idéalement, les travaux votés devraient toujours permettre de louer plus vite et/ou plus cher. En étant présent aux AG, vous pourrez faire entendre votre voix et orienter les décisions dans un sens favorable à votre investissement.

Les 7 recommandations pour louer plus vite et plus cher

Enfin, pour optimiser votre rentabilité, il existe des astuces simples et efficaces. Voici mes 7 recommandations pour louer plus vite et plus cher :

1. Commencez par louer toujours légèrement en dessous du prix du marché, puis augmentez progressivement le loyer de 5 euros

par an. C'est une stratégie habile pour attirer des locataires rapidement, tout en sécurisant la progression de vos revenus.

2. Privilégiez les box en surface, plus attractifs et polyvalents que les places en sous-sol. C'est un critère de choix pour beaucoup de locataires.

3. Équipez votre bien de points de serrage supplémentaires. C'est un petit investissement qui peut faire une grande différence en termes de sécurité et de praticité.

4. Soignez les abords de votre garage : une allée propre et bien entretenue, une porte régulièrement nettoyée... ces détails font toute la différence pour attirer des locataires de qualité.

5. Veillez au bon fonctionnement des huisseries en les graissant et les huilant régulièrement. Des portes qui coulissent sans effort, c'est le signe d'un propriétaire attentif et consciencieux.

6. Si le sol de votre garage est en terre battue, n'hésitez pas à le bétonner. C'est un investissement rapidement rentabilisé par la possibilité de louer plus cher.

7. Enfin, un coup de peinture peut faire des miracles ! Optez pour une peinture spéciale parking au sol et un blanc lumineux pour les murs. Votre bien gagnera en clarté et en modernité.

En appliquant ces recommandations, vous mettrez toutes les chances de votre côté pour louer rapidement et au meilleur prix. C'est comme ajouter des étoiles à votre hôtel : plus il est accueillant et qualitatif, plus les clients seront prêts à payer cher pour y séjourner !

Bien sûr, investir dans les parkings et les garages comporte toujours une part de risque. Mais en étant conscient des pièges potentiels et en les anticipant, vous pouvez considérablement réduire ce risque. C'est tout l'art du funambule : avancer avec confiance sur son fil, tout en gardant constamment l'équilibre.

La clé, c'est d'accumuler les connaissances et de diversifier son portefeuille. Plus vous serez informé sur le marché, les règles juridiques, les bonnes pratiques... plus vous saurez faire les bons choix. Et en répartissant vos investissements sur plusieurs biens, vous limiterez l'impact d'un éventuel échec.

Alors, prêt à relever le défi ? Dès aujourd'hui, passez en revue vos projets d'investissement à la lumière de ces conseils. Pour chaque bien visité, dressez scrupuleusement la liste des points forts et des points de vigilance. Analysez, comparez, réfléchissez... c'est ainsi que vous développerez votre flair d'investisseur !

Et surtout, n'oubliez pas : chaque obstacle sur votre route est une occasion d'apprendre et de grandir. Chaque erreur évitée est une victoire. Chaque euro judicieusement investi est un pas de plus vers votre liberté financière. Alors, gardez le cap, restez vigilant, et savourez le voyage !

Dans le prochain chapitre, nous explorerons une autre facette passionnante de l'investissement dans les parkings et les garages : l'art de la négociation. Vous découvrirez des techniques redoutables pour acheter au meilleur prix, décrocher les meilleures affaires, et faire de chaque transaction un coup de maître. Préparez-vous à devenir un as de la négociation !

7
Négocier pour faire une bonne affaire

"En immobilier, on s'enrichit à l'achat : la négociation est votre meilleure alliée."

Vous avez repéré le parking ou le garage de vos rêves, celui qui coche toutes les cases de votre cahier des charges ? Parfait ! Mais avant de vous précipiter pour signer, il vous reste une étape cruciale à maîtriser : la négociation. C'est le moment de vérité, celui où vous allez pouvoir faire la différence entre une bonne affaire et une opportunité en or. Alors, affûtez vos armes et préparez-vous à négocier comme un pro !

Les 5 questions à poser pour réussir une négociation

Pour mener une négociation efficace, il est essentiel de bien connaître son interlocuteur et le bien convoité. Et pour cela, rien de tel que de poser les bonnes questions. Voici les 5 questions indispensables à avoir en tête :

1. Depuis quand possédez-vous ce bien ?
2. Depuis combien de temps est-il en vente ?
3. Combien de visites avez-vous eues depuis la mise en vente ?
4. Avez-vous reçu des propositions d'achat ? Si oui, combien ?
5. Pourquoi avez-vous décidé de vendre ?

Ces questions peuvent sembler anodines, mais elles vous donneront de précieuses informations sur la motivation du vendeur, la pression du marché, les éventuels points de blocage... Imaginez que le bien soit en vente depuis plus d'un an, sans avoir suscité beaucoup de visites ni de propositions : c'est le signe d'un vendeur probablement pressé de conclure, et donc plus ouvert à la négociation.

De même, si le vendeur évoque des raisons personnelles pour justifier la vente (mutation professionnelle, divorce, besoin de liquidités...), vous saurez que vous avez affaire à quelqu'un qui cherche avant tout à passer à autre chose. Un levier de négociation intéressant !

Mettre en avant les défauts du bien et créer un sentiment d'urgence

Une fois que vous avez cerné votre interlocuteur, il est temps de passer à l'offensive. Et pour cela, rien de tel que de jouer sur deux tableaux : les défauts du bien et le sentiment d'urgence.

Commencez par éplucher le bien sous toutes ses coutures, comme un détective à la recherche du moindre indice. Une porte qui ferme mal, une toiture qui fuit, des traces d'humidité... chaque défaut repéré est un argument pour faire baisser le prix. N'hésitez pas à les mettre en avant lors de la négociation, en insistant sur les travaux nécessaires et les coûts associés. C'est comme si vous présentiez au vendeur une ardoise sur laquelle s'accumulent les moins-values !

Ensuite, il est crucial de créer un sentiment d'urgence. Faites comprendre au vendeur que vous êtes un acheteur sérieux, prêt à conclure rapidement. Mettez en avant votre solidité financière, votre capacité à mobiliser les fonds dans des délais courts. Plus le vendeur sentira que la vente est proche, plus il sera enclin à faire des concessions.

Imaginez que vous lui disiez : "Je suis très intéressé par votre bien, et je suis prêt à signer dans la semaine si nous trouvons un accord sur le prix". C'est une façon habile de lui mettre un peu de pression, tout en le rassurant sur votre engagement. C'est comme agiter une carotte et un bâton en même temps !

Techniques avancées de négociation immobilière

Pour aller encore plus loin dans l'art de la négociation, voici quelques techniques avancées qui ont fait leurs preuves :

- La technique du "meilleur prix" : Demandez au vendeur quel est le prix le plus bas qu'il serait prêt à accepter. Cette simple question peut faire baisser drastiquement le curseur, et vous donner une nouvelle base de négociation. C'est un peu comme au poker : en poussant votre adversaire à abattre ses cartes, vous obtenez de précieuses informations sur sa stratégie !

- La technique du "silence" : Lors d'une négociation en face à face, n'hésitez pas à marquer des temps de silence après avoir fait une offre. Ce silence, souvent inconfortable, peut pousser le vendeur à faire des concessions pour relancer la discussion. C'est une façon subtile de lui faire comprendre que la balle est dans son camp, et que c'est à lui de faire un geste.

- La technique du "faux départ" : Si la négociation semble dans une impasse, n'hésitez pas à feindre de partir, en remerciant poliment le vendeur pour son temps. Bien souvent, ce dernier vous rattrapera pour tenter de renouer le dialogue, ce qui vous placera en position de force. C'est un peu comme au théâtre : parfois, il faut savoir quitter la scène pour être rappelé par le public !

Bien sûr, ces techniques ne sont pas des baguettes magiques, et il faudra les adapter à chaque situation. Mais elles peuvent faire la différence entre un bon deal et un coup de maître.

Un point crucial à garder en tête : même dans les négociations les plus tendues, il est essentiel de toujours maintenir une relation courtoise et respectueuse avec le vendeur.

Et si malgré tous vos efforts, vous sentez qu'aucun accord n'est possible, sachez renoncer avec élégance. Mieux vaut perdre une opportunité que de s'engager dans un mauvais deal. Comme le dit le proverbe, "il faut savoir perdre une bataille pour gagner la guerre".

Enfin, n'oubliez pas que pour être un bon négociateur, il faut savoir mettre son ego de côté. Ne prenez pas les choses de façon personnelle, ne laissez pas votre fierté dicter vos décisions. Abordez chaque négociation avec un esprit ouvert, prêt à écouter, à vous adapter, à trouver des solutions créatives. C'est ainsi que vous transformerez chaque transaction en une opportunité de croissance et d'apprentissage.

Vous aimez ce livre ? Faites-le savoir sur Amazon ! Votre avis en quelques clics peut faire toute la différence pour aider d'autres investisseurs à se lancer. Merci d'avance pour votre soutien précieux.

PARTIE 3

FINANCER ET EXPLOITER SON INVESTISSEMENT

8
Choisir entre l'achat au comptant et le crédit

"Le crédit permet d'utiliser l'effet de levier, mais chaque situation mérite une stratégie personnalisée."

Robert Kiyosaki

Félicitations ! Vous avez déniché le parking ou le garage de vos rêves, négocié comme un pro et obtenu un prix défiant toute concurrence. Mais avant de passer chez le notaire signer l'acte de vente, il vous reste une toute petite question cruciale à trancher : comment allez-vous financer cet achat ? Devez-vous sortir votre carnet de chèques et payer rubis sur l'ongle, ou plutôt opter pour un crédit immobilier et étaler votre investissement dans le temps pour jouer de l'effet de levier ? C'est une décision stratégique qui peut aura un impact considérable sur votre rentabilité et votre liberté financière à long terme.

Avantages et inconvénients de l'achat au comptant

Commençons par peser le pour et le contre de l'achat au comptant. Le premier avantage, et non des moindres, c'est la possibilité d'encaisser les loyers immédiatement. Imaginez : dès le mois suivant votre achat, vous commencez à percevoir des revenus réguliers, sans avoir à vous soucier de rembourser un prêt.

De plus, en achetant au comptant, vous augmentez mécaniquement votre patrimoine et vos revenus, ce qui booste votre scoring bancaire. C'est un cercle vertueux : plus vous avez de biens et de rentrées d'argent, plus les banques vous considèreront comme un client sérieux et solvable, ouvrant ainsi la porte à de futurs prêts plus avantageux.

Autre atout de taille : en ayant des liquidités disponibles, vous renforcez votre pouvoir de négociation. Face à un vendeur pressé ou à une opportunité à saisir sur-le-champ, vous serez en position de force pour obtenir des conditions plus favorables, comme une décote sur le prix ou des délais de signature raccourcis.

Enfin, il y a une dimension psychologique non négligeable à posséder un bien "à 100%", sans crédit ni dette. C'est rassurant de se dire que quoi qu'il arrive, ce parking ou ce garage vous appartient entièrement, et que personne ne pourra vous le reprendre. C'est votre pierre à l'édifice de votre liberté financière !

Mais l'achat au comptant n'est pas exempt d'inconvénients. Le principal, c'est la fiscalité. Contrairement à un achat à crédit, vous ne pourrez pas déduire les intérêts d'emprunt, ce qui peut alourdir considérablement votre feuille d'impôts.

Retenez que parmi les frais déductibles de vos bénéfices, les 2 postes principaux sont toujours les intérêts d'emprunt et la taxe foncière. La première année vous aurez peut-être aussi des travaux mais sur un parking garage, ceux-ci sont limités...

Avantages et inconvénients de l'achat à crédit

À l'inverse, l'achat à crédit présente des avantages fiscaux non négligeables. En déduisant les intérêts d'emprunt, vous pouvez alléger significativement votre charge fiscale. C'est comme si le fisc vous offrait un coup de pouce pour réaliser votre rêve d'investisseur !

Mais le principal atout du crédit, c'est le fameux effet de levier. En empruntant à la banque, vous pouvez acheter un bien plus cher que ce que vos seules économies vous permettraient, et faire rembourser le crédit par votre locataire. C'est le principe de la bonne dette : celles qui vous permettent d'acheter des actifs immobiliers rentables !

Imaginez que vous ayez 50 000 € de côté. Vous pourriez acheter 5 garages de 10000€ au comptant à ce prix-là... ou bien mettre ces 50 000 € dans un apport pour un crédit immobilier, et acquérir un ensemble de garages valant 200 000 € ! Pendant que votre locataire rembourse le prêt, vous vous constituez un patrimoine quatre fois plus important, tout en boostant votre rentabilité grâce à l'effet de levier. C'est la magie de l'investissement immobilier intelligemment financé.

Mais attention, l'achat à crédit n'est pas sans risques. Emprunter de l'argent, c'est s'engager sur le long terme, avec l'obligation de rembourser quoi qu'il arrive. Si vous perdez votre emploi, si les loyers ne rentrent plus, vous devrez continuer à payer votre mensualité, sous peine de voir votre bien saisi par la banque. C'est un peu comme marcher sur un fil au-dessus du vide : tant que vous gardez l'équilibre, la vue est imprenable, mais au moindre faux pas, la chute peut être rude.

De plus, obtenir un crédit immobilier n'est pas une mince affaire. Il faut montrer patte blanche auprès des banques, justifier de revenus réguliers et conséquents, présenter un dossier béton... Bref, il faut se mettre en condition pour séduire les financeurs, et ce n'est pas à la portée de tous.

Quelle option choisir en fonction de son profil ?

Alors, achat au comptant ou à crédit ? La vérité, c'est qu'il n'y a pas de réponse universelle. Tout dépend de votre situation personnelle, de votre profil d'investisseur, de votre appétence au risque. L'achat avec levier bancaire permet de gagner des sommes considérables mais c'est un processus lent.

Si vous avez des liquidités importantes et que vous cherchez avant tout la sécurité et la simplicité, l'achat au comptant est une option à considérer. Vous n'aurez pas à vous soucier des banques, des taux, des assurances... et vous pourrez dormir sur vos deux oreilles en sachant que votre bien vous appartient à 100%. Vous aurez fait un bon petit placement dans la pierre.

En revanche, si vous avez des capacités de financement et que vous visez l'enrichissement maximal, l'achat à crédit peut être une arme redoutable. En utilisant intelligemment l'effet de levier, vous pourrez acquérir des biens plus importants, multiplier les sources de revenus, et accélérer considérablement la croissance de votre patrimoine.

Mais quelle que soit l'option choisie, une chose est sûre : pour réussir dans l'investissement immobilier, il faut savoir dénicher les bonnes affaires. Et pour cela, rien ne vaut le bouche-à-oreille et le réseau. En faisant savoir autour de vous que vous êtes à la recherche de parkings ou de garages à acquérir, vous augmenterez considérablement vos chances de tomber sur la perle rare, sans avoir à payer de commission aux agences immobilières.

Alors, prêt à passer à l'action ? La première étape, c'est de faire un état des lieux précis de votre situation financière et de vos objectifs d'investissement. Prenez le temps de peser le pour et le contre de chaque option, d'étudier attentivement les offres de crédit si vous optez pour l'emprunt, et de constituer un apport personnel conséquent.

Et surtout, n'ayez pas peur de solliciter des conseils auprès de professionnels : courtiers, banquiers, conseillers en gestion de patrimoine... Ces experts peuvent vous aider à y voir plus clair, à choisir la meilleure stratégie de financement en fonction de votre profil, et à éviter les pièges qui guettent les investisseurs débutants.

Prenez le temps de poser les fondations solides de votre projet, de bien choisir votre mode de financement, et de constituer un réseau de partenaires de confiance. C'est ainsi que vous mettrez toutes les chances de votre côté pour faire de votre achat de parking ou de garage un succès retentissant.

Imaginez : dans quelques années, vous serez peut-être à la tête d'un véritable empire de garages, générant des revenus passifs conséquents et vous offrant une liberté financière totale. Vous regarderez en arrière et vous vous direz : "Tout a commencé par ce premier achat, le jour où j'ai décidé de prendre mon destin en main et de devenir un investisseur avisé".

Ce jour, c'est aujourd'hui! La décision que vous allez prendre sur le mode de financement de votre achat sera déterminante pour la suite de votre parcours. Alors, prenez le temps de la réflexion, mais n'hésitez pas trop longtemps. Car comme le dit l'adage, "le meilleur moment pour planter un arbre, c'était il y a 20 ans. Le deuxième meilleur moment, c'est maintenant".

Alors, à vous de jouer ! Étudiez attentivement les options qui s'offrent à vous, pesez le pour et le contre, et lancez-vous dans l'aventure de l'investissement immobilier avec enthousiasme et détermination. Et si d'aventure le doute vous saisit, rappelez-vous cette citation de Mark Twain : "Ils ne savaient pas que c'était impossible, alors ils l'ont fait".

9
Préparer son dossier de financement

"Soigner son profil bancaire est la clé pour obtenir les meilleures conditions de financement."

Napoleon Hill

Vous avez pris votre décision : ce sera l'achat à crédit ! Vous êtes convaincu que c'est la meilleure stratégie pour faire décoller votre projet d'investissement dans les parkings et les garages. Mais attention, le chemin qui mène au financement n'est pas sans embûches. Pour convaincre les banques de vous prêter de l'argent, vous allez devoir soigner votre dossier et optimiser votre profil d'emprunteur. C'est un peu comme préparer un grand oral : il faut être irréprochable sur la forme et sur le fond !

Les critères d'évaluation des banques

Avant de vous lancer tête baissée dans la constitution de votre dossier, il est crucial de comprendre comment les banques évaluent les demandes de crédit. Contrairement à une idée reçue, les banquiers ne sont pas là pour vous mettre des bâtons dans les roues, mais plutôt pour s'assurer que vous êtes un emprunteur fiable et solvable.

En effet, les banques sont avant tout des gestionnaires de risques. Leur métier, c'est de prêter de l'argent, certes, mais surtout de s'assurer qu'elles le récupéreront avec des intérêts. C'est pourquoi elles vont passer votre dossier au crible fin, en analysant minutieusement vos revenus, vos dépenses, votre épargne, votre stabilité professionnelle...

Vous l'aurez compris, les banques adorent les emprunteurs qui inspirent confiance et qui présentent peu de risques.

Alors, comment faire pour entrer dans les petits papiers de votre banquier ? La recette est simple : il faut soigner votre profil d'emprunteur et constituer un dossier béton. C'est un travail de longue haleine, qui demande de la rigueur et de l'anticipation, mais qui va vraiment rapporter gros !

Optimiser son profil emprunteur

La première étape pour optimiser votre profil d'emprunteur, c'est de faire un grand ménage dans vos finances personnelles. Et cela commence par une règle d'or : ne soyez JAMAIS débiteur et évitez à tout prix les crédits à la consommation dans les mois qui précèdent votre demande de prêt immobilier !

C'est tentant de s'offrir une nouvelle voiture ou un beau voyage à crédit, mais c'est le meilleur moyen de faire fuir les banques. Car qui dit crédit à la consommation, dit charges supplémentaires et risque accru de surendettement. C'est un signal négatif que vous envoyez à votre banquier, comme si vous lui disiez : "Je ne sais pas gérer mon argent, mais prêtez-moi quand même une grosse somme !"

Au contraire, il faut montrer que vous êtes un gestionnaire avisé et responsable de votre budget. Pendant au moins trois mois avant votre demande de prêt, soyez irréprochable : pas de découvert, pas d'achat impulsif, pas de dépense inconsidérée. Votre relevé bancaire doit être aussi net qu'un bulletin scolaire du premier de la classe !

D'ailleurs, n'hésitez pas à éplucher vos trois derniers relevés de compte pour identifier tous les aspects qui pourraient jouer en votre défaveur. Cette soirée un peu arrosée au restaurant ? Ce week-end shopping entre amis ? Toutes ces petites dépenses qui semblent anodines peuvent ternir votre image auprès du banquier. Car n'oubliez pas : votre conseiller va passer au crible vos moindres faits et gestes financiers, comme un détective en quête du moindre indice !

Alors, soyez proactif et faites le ménage avant qu'on ne vous le demande. Supprimez les dépenses superflues, réduisez les sorties et les loisirs pendant quelques mois, et montrez que vous savez vous tenir droit dans vos bottes financières. C'est un peu comme un régime avant l'été : ça demande des efforts, mais le résultat en vaut la chandelle !

Si vous souhaitez présenter le meilleur profil possible à votre banque lors d'une demande de prêt, il peut être judicieux de faire attention à certaines dépenses qui pourraient être perçues négativement, même si elles ne reflètent pas nécessairement votre situation réelle.

Par exemple, imaginez que votre banquier voit sur vos relevés des dépenses régulières pour des jeux d'argent, comme des tickets de loto ou des paris sportifs. Même si vous n'êtes pas du tout accro au jeu et que ces dépenses restent occasionnelles et raisonnables, cela peut donner une image négative et susciter des interrogations sur votre gestion financière.

Une solution pour éviter ce genre de malentendu et préserver une certaine confidentialité sur vos dépenses personnelles peut être d'utiliser davantage d'espèces pour ces achats. En payant en liquide, vous ne laissez pas de trace sur vos relevés bancaires et vous pouvez ainsi mieux maîtriser l'image que vous renvoyez à votre banque.

Bien sûr, il ne s'agit pas de cacher des informations importantes ou de mentir sur votre situation financière. L'honnêteté et la transparence restent essentielles dans votre relation avec votre banquier. Mais opter pour les espèces peut vous permettre de garder une certaine liberté dans vos dépenses du quotidien, sans craindre d'être mal perçu ou pénalisé lors de votre demande de prêt.

Autre conseil crucial : constituez-vous une belle épargne, même si vous n'avez pas l'intention de l'utiliser comme apport. C'est un gage de sérieux et de stabilité financière qui rassurera grandement votre banquier. Car comme le dit l'adage, "on ne prête qu'aux riches" ! Plus vous aurez de bas de laine, plus vous serez considéré comme un client de choix.

D'ailleurs, si vous avez la possibilité d'ouvrir un deuxième compte bancaire et d'y transférer une partie de votre épargne, n'hésitez pas. Cela peut donner l'impression que vous avez des ressources insoupçonnées, et renforcer votre pouvoir de négociation. C'est un peu comme avoir un atout caché dans sa manche lors d'une partie de poker !

Constituer un dossier solide

Une fois votre profil d'emprunteur optimisé, il est temps de passer à la constitution de votre dossier de financement. C'est une étape cruciale, qui peut faire la différence entre un accord de prêt et un refus. Alors, ne lésinons pas sur les moyens !

La clé d'un dossier solide, c'est d'être complet, cohérent et transparent. Vous devez fournir à votre banquier tous les éléments qui lui permettront d'évaluer votre situation financière et votre capacité à rembourser le prêt. Cela inclut typiquement :

- Vos trois derniers bulletins de salaire
- Votre dernier avis d'imposition
- Vos relevés bancaires des trois derniers mois
- Vos justificatifs d'épargne et de patrimoine
- Une simulation précise de votre projet d'investissement, avec un plan de financement détaillé

N'hésitez pas à y ajouter tout document qui pourrait jouer en votre faveur, comme des lettres de recommandation de votre employeur ou de votre bailleur, des attestations de revenus complémentaires, des contrats de location déjà signés pour votre futur bien...

L'idée, c'est de ne rien laisser au hasard et de montrer que vous avez anticipé toutes les questions que pourrait se poser votre banquier. C'est un peu comme préparer un dossier de presse pour un journaliste : plus il sera complet et attractif, plus vous aurez de chances de faire la une !

Enfin, n'oubliez pas d'être réaliste et cohérent dans votre projet. Ne surestimez pas les loyers que vous allez percevoir, ne sous-estimez pas les charges et les travaux à prévoir. Votre banquier a l'habitude des dossiers d'investissement locatif, il saura déceler les prévisions fantaisistes ou les montages bancals.

Alors, visez juste et restez modeste dans vos projections. Mieux vaut promettre moins et délivrer plus que l'inverse ! C'est la clé pour instaurer une relation de confiance avec votre banque et obtenir le financement dont vous rêvez.

En résumé, préparer son dossier de financement, c'est un peu comme passer un entretien d'embauche : il faut soigner son CV (votre profil d'emprunteur), préparer son pitch (votre projet d'investissement) et se présenter sous son meilleur jour (votre dossier). C'est un travail exigeant, qui demande de la méthode, de la rigueur et un peu de stratégie. Mais c'est aussi une formidable opportunité de faire le point sur votre situation financière, de clarifier vos objectifs et de prendre votre destin en main.

Alors, n'ayez pas peur de retrousser vos manches et de vous atteler à la tâche. Chaque effort que vous ferez pour optimiser votre profil et constituer un dossier béton vous rapprochera un peu plus de votre rêve d'investisseur. Et quelle satisfaction lorsque vous recevrez enfin ce fameux accord de financement, ce sésame qui vous ouvrira les portes de votre future réussite !

Imaginez : grâce à votre préparation minutieuse, vous avez décroché un prêt immobilier aux conditions imbattables. Vous pouvez maintenant acquérir cet ensemble de garages ou de parkings que vous convoitez tant, et mettre en place votre stratégie de location. Chaque mois, vous voyez votre patrimoine grossir et vos revenus locatifs affluer, comme autant de preuves de votre réussite.

Et tout cela, c'est grâce à votre travail de préparation en amont, à ces heures passées à éplucher vos relevés bancaires, à optimiser votre épargne, à monter un dossier en béton. C'est grâce à votre persévérance, votre détermination et votre vision à long terme.

Alors, ne baissez pas les bras face à l'ampleur de la tâche. Gardez les yeux rivés sur votre objectif, et rappelez-vous pourquoi vous avez choisi la voie de l'investissement immobilier. Ce n'est pas seulement pour acquérir un bien ou pour générer des revenus passifs. C'est pour prendre le contrôle de votre vie, pour façonner votre avenir et pour atteindre cette liberté financière dont vous rêvez.

Chaque étape de votre parcours d'investisseur est une opportunité d'apprentissage et de croissance. En préparant votre dossier de financement, vous ne développez pas seulement votre connaissance des rouages bancaires. Vous forgez aussi votre caractère, votre résilience et votre capacité à surmonter les obstacles.

Alors, considérez cette phase de préparation comme un investissement sur vous-même, au même titre que votre futur achat immobilier. C'est en misant sur vos compétences, sur votre savoir-faire et sur votre potentiel que vous maximiserez vos chances de réussite.

Et un jour, lorsque vous aurez atteint vos objectifs et que vous savourerez votre réussite, vous repenserez à ce moment charnière où vous avez décidé de prendre votre destin financier en main. Vous vous remémorerez ces heures passées à préparer votre dossier, à optimiser votre profil, à convaincre les banques de croire en vous. Et vous serez fier du chemin parcouru, de l'investisseur avisé et accompli que vous êtes devenu.

10
Obtenir le meilleur financement

"La négociation avec les banques est un art : préparez-vous, informez-vous, et soyez persuasif."

Zig Ziglar

Vous avez travaillé dur pour optimiser votre profil d'emprunteur et constituer un dossier en béton. Bravo ! Vous avez déjà fait 90% du chemin vers le financement de votre projet d'investissement dans les parkings et les garages. Mais il reste une dernière étape cruciale : trouver le meilleur prêt immobilier et négocier des conditions avantageuses. C'est le moment de faire jouer la concurrence et de mettre votre banquier au défi de vous proposer l'offre la plus compétitive !

Comparer les différentes sources de financement

Lorsqu'on cherche un financement immobilier, on pense souvent en premier lieu à sa banque. C'est une démarche naturelle, surtout si on est client depuis longtemps et qu'on a une relation de confiance avec son conseiller. Mais attention à ne pas mettre tous ses œufs dans le même panier !

Il existe en effet d'autres sources de financement qu'il serait dommage de négliger. Les courtiers en prêt immobilier, par exemple, peuvent vous aider à dénicher des offres attractives auprès de banques concurrentes. Ils ont l'avantage de bien connaître le marché et de pouvoir négocier des conditions avantageuses grâce à leurs volumes d'affaires.

Autre piste à explorer : les banques en ligne. Même si elles n'ont pas d'agence physique, elles proposent souvent des taux très compétitifs pour attirer de nouveaux clients. Et avec la digitalisation des processus, souscrire un prêt en ligne est devenu aussi simple que de commander un livre sur Amazon ! Attention toutefois, car certaines d'entre elles refusent de financer l'achat de parkings et de garages.

Enfin, n'oubliez pas que vous pouvez aussi financer une partie de votre projet avec vos fonds propres. Plus vous mettrez d'apport personnel, moins vous aurez besoin d'emprunter, et plus vous pourrez négocier un taux avantageux.

Pour y voir plus clair et comparer les différentes offres, je vous recommande d'utiliser un simulateur de crédit immobilier en ligne, comme celui proposé sur le site https://www.lefrugalisme.com/simulation-emprunt-immobilier/

C'est un outil précieux pour faire des simulations précises et chiffrer le coût réel de votre prêt sur toute sa durée.

Négocier les conditions de son prêt

Une fois que vous avez identifié les offres les plus intéressantes, il est temps de passer à la négociation. Et croyez-moi, tout se négocie ! Du taux d'intérêt aux frais de dossier, en passant par l'assurance emprunteur et les modalités de remboursement, vous avez un véritable levier pour faire baisser le coût de votre crédit.

D'ailleurs, il n'est pas rare d'obtenir de meilleures offres auprès d'une banque dans laquelle vous n'êtes pas encore client.

La clé, c'est de faire jouer la concurrence et de ne pas hésiter à mettre les banques en compétition. N'ayez pas peur de dire à votre conseiller que vous avez une meilleure offre ailleurs, et demandez-lui s'il peut s'aligner. La plupart du temps, il fera un geste commercial pour ne pas perdre votre dossier.

Vous pouvez aussi essayer de négocier un financement à 110%, c'est-à-dire un prêt qui couvre non seulement le prix d'achat de votre bien, mais aussi les frais annexes comme les droits de mutation ou les éventuels travaux. C'est une option intéressante si vous avez peu d'apport personnel et que vous voulez maximiser votre effet de levier. Mais attention, cela suppose d'avoir un dossier solide et de convaincre votre banquier de votre capacité à rembourser.

Retenez que le bon montant d'apport à mettre, c'est celui que la banque demande.

Enfin, n'hésitez pas à négocier des modalités de remboursement flexibles, comme un différé de remboursement, ou la possibilité de faire des pauses de remboursement si vous rencontrez des difficultés passagères. C'est une sécurité supplémentaire qui peut vous éviter bien des tracas.

N'oubliez pas : un prêt immobilier, c'est un engagement sur 10, 15, 20 ou 25 ans. Alors, autant prendre le temps de bien négocier toutes les conditions pour vous assurer une mensualité confortable et un coût total maîtrisé.

Étude de cas : comment j'ai obtenu un financement à 110%

Alors, prêt à relever le défi ? La première étape, c'est de faire une simulation précise de votre projet d'investissement en utilisant un outil en ligne comme le simulateur de crédit immobilier du site lefrugalisme.com. Rentrez tous les paramètres de votre projet (prix d'achat, travaux, frais, loyers prévisionnels...) et analysez scrupuleusement les résultats. C'est un excellent moyen de visualiser votre capacité d'emprunt et d'anticiper le coût réel de votre crédit.

Ensuite, prenez rendez-vous avec votre banquier pour lui présenter votre projet et évaluer sa réaction. S'il est enthousiaste, c'est bon signe ! S'il est plus réservé, demandez-lui ce qui le freine et ce que vous pouvez faire pour améliorer votre dossier. C'est une information précieuse qui vous permettra d'ajuster votre stratégie.

Enfin, n'hésitez pas à contacter d'autres établissements bancaires et à faire jouer la concurrence. Plus vous aurez d'offres, plus vous aurez de leviers pour négocier. Et si vous avez un coup de cœur pour une banque en particulier, n'hésitez pas à le faire savoir ! Les conseillers sont souvent plus enclins à faire des efforts pour un client motivé et engagé.

En parallèle, continuez à travailler sur votre profil d'emprunteur et sur votre épargne. Chaque euro mis de côté est un atout supplémentaire pour votre dossier, et une preuve de votre sérieux et de votre capacité à gérer un budget.

Et surtout, gardez à l'esprit votre objectif final : devenir propriétaire de ces parkings ou de ces garages qui vous font rêver, et générer des revenus locatifs qui amélioreront votre quotidien pour préparer votre avenir. C'est cette vision qui vous donnera la force de persévérer, même face aux obstacles et aux moments de doute.

Car réussir dans l'investissement immobilier, c'est aussi une affaire de mental et de détermination. Il faut savoir garder le cap, se remettre en question, rebondir après les échecs. Il faut accepter de sortir de sa zone de confort, de prendre des risques calculés, d'apprendre de ses erreurs.

11
Trouver le bon locataire rapidement

*"Un bon locataire assure la tranquillité :
soyez sélectif et rigoureux dès le départ."*

Ray Kroc

Félicitations ! Vous êtes maintenant l'heureux propriétaire d'un garage ou d'un parking, et vous avez hâte de le mettre en location pour générer vos premiers revenus locatifs. Mais attention, trouver le bon locataire n'est pas une mince affaire ! C'est une étape cruciale qui peut faire la différence entre une location sereine et rentable, et un cauchemar de loyers impayés et de dégradations. Heureusement, avec une bonne stratégie et quelques astuces, vous pouvez mettre toutes les chances de votre côté pour trouver le locataire idéal en un temps record.

Rédiger une annonce efficace

La première étape pour trouver un locataire, c'est de rédiger une annonce simple qui attire l'attention des bons candidats. Et pour cela, rien de tel qu'un titre accrocheur et des informations claires et précises.

Commencez par un titre qui met en avant les atouts de votre bien, comme sa localisation, son accessibilité, sa sécurité. Par exemple : "Box fermé en surface à louer à Gagny, quartier de l'Arena". En quelques mots, vous donnez déjà envie d'en savoir plus !

Ensuite, dans le corps de l'annonce, détaillez les caractéristiques du garage (surface, hauteur, type de porte, présence d'un point d'eau ou d'électricité...) et précisez les conditions de location (loyer mensuel, charges, dépôt de garantie, documents à fournir...). N'hésitez pas à ajouter quelques photos pour illustrer votre propos et donner un aperçu concret du bien.

Voici un modèle d'annonce qui a fait ses preuves :

"A LOUER BOX STANDARD À GAGNY EN SURFACE PORTE SÉCURISÉE

Quartier de l'ARENA

Pour parking voiture ou stockage.

Accès fermé et sécurisé par une grille

100 euros par virement chaque mois

Règlement mensuel exigé.

Dépôt de garantie 180€

Pièces à fournir: RIB, photocopie pièce identité, justificatif de domicile"

Clair, concis, efficace. En quelques lignes, le candidat locataire a toutes les informations dont il a besoin pour se positionner. Et en précisant d'emblée les pièces à fournir et le mode de paiement, vous filtrez d'office les candidats les moins sérieux.

Diffuser son annonce sur les plateformes incontournables

Une fois votre annonce rédigée, il faut la diffuser sur les bonnes plateformes pour toucher un maximum de candidats potentiels. Et en la matière, il y a trois sites incontournables : Leboncoin, Seloger et Facebook.

Leboncoin est de loin le premier site immobilier de France, avec des millions de visiteurs chaque jour. C'est un passage obligé pour toute annonce de location, d'autant plus qu'il est très simple d'utilisation et gratuit pour les particuliers.

Seloger est un autre géant de l'immobilier en ligne, plus orienté vers les agences mais qui propose aussi de nombreuses annonces de particuliers. L'avantage, c'est que les candidats locataires y sont souvent plus qualifiés et plus sérieux, car ils sont prêts à payer pour accéder aux annonces.

Enfin, Facebook est devenu ces dernières années un acteur majeur de la location entre particuliers, grâce à ses groupes de recherche de logement et à son système d'annonces locales. C'est un excellent moyen de toucher un public plus jeune et plus connecté, et de générer du bouche-à-oreille grâce au partage des annonces.

En diffusant votre annonce sur ces trois plateformes, vous maximisez vos chances de trouver rapidement le locataire idéal. Et si vous êtes pressé, vous pouvez même envisager de faire une petite promotion en boostant votre annonce ou en la mettant en tête de liste pendant quelques jours.

Sélectionner et valider un locataire fiable

Mais le plus important, c'est ce qui se passe après la diffusion de l'annonce. Car c'est là que vous allez devoir faire le tri parmi les candidats et sélectionner celui qui vous semble le plus fiable et le plus solvable.

Pour cela, je vous recommande de procéder en plusieurs étapes. D'abord, demandez aux candidats intéressés de vous contacter par mail pour un premier échange. Cela vous permettra de voir comment ils s'expriment à l'écrit et s'ils sont capables de fournir les informations demandées de manière claire et structurée.

Ensuite, passez un coup de fil aux candidats les plus prometteurs pour évaluer leur sérieux et leur motivation. Posez-leur des questions sur leur situation professionnelle, leurs revenus. Essayez de sentir s'ils sont honnêtes et directs dans leurs réponses, s'ils inspirent confiance.

Si le feeling passe, proposez-leur de se rendre sur place avec l'ensemble des documents. Je ne fais jamais de visites du garage pour faire connaissance ou visiter le parking ou le garage. Il n'y a rien de spécial à voir. S'ils le souhaitent ils peuvent se rendre sur place eux-même pour jeter un coup d'œil mais je ne me déplace que pour les mises en location.

D'ailleurs, j'insiste sur ce point : privilégiez toujours le paiement par virement bancaire automatique, c'est le meilleur moyen d'éviter les oublis et les retards. Même si vous ne pouvez pas l'imposer légalement, faites-en une condition sine qua non de la location. Les bons locataires n'y verront aucun inconvénient !

Autre conseil important : évitez les locations de courte durée (moins de 6 mois) qui génèrent un fort turn-over et beaucoup de contraintes administratives. Visez plutôt des baux d'un an renouvelables, avec un préavis d'un ou deux mois pour vous laisser le temps de trouver un nouveau locataire le cas échéant.

Et pour mettre toutes les chances de votre côté, n'hésitez pas à demander un dépôt de garantie équivalent à deux mois de loyer, en plus du premier mois payable d'avance. C'est une sécurité supplémentaire en cas d'impayé ou de dégradation, et cela vous permet de filtrer les candidats les plus fragiles financièrement.

Enfin, dernière astuce : fixez votre loyer légèrement en-dessous du prix du marché, quitte à l'augmenter progressivement par paliers de 5 ou 10 euros chaque année. C'est un excellent moyen d'attirer de bons locataires et de les fidéliser sur le long terme, tout en sécurisant la rentabilité de votre investissement.

En suivant ces conseils, vous devriez pouvoir trouver le locataire idéal en moins de 72 heures après la publication de votre annonce. Mais attention, cela ne veut pas dire qu'il faut brûler les étapes et faire des impasses sur la sélection ! Mieux vaut prendre le temps de bien choisir son locataire que de se précipiter et de le regretter amèrement par la suite.

Car n'oubliez pas : un mauvais locataire, c'est la porte ouverte aux loyers impayés, aux dégradations, aux conflits de voisinage... Bref, c'est le cauchemar de tout propriétaire bailleur ! Alors, ne prenez pas ce risque et entourez-vous de toutes les garanties possibles pour sécuriser votre investissement.

Et si malgré toutes vos précautions, vous tombez sur un locataire indélicat, ne baissez pas les bras ! Réagissez rapidement en envoyant des courriers de relance, en mettant en demeure, en engageant une procédure d'expulsion si nécessaire. Plus vous serez réactif et ferme, plus vous limiterez les dégâts.

Mais le mieux, c'est encore de prévenir plutôt que de guérir. En étant rigoureux dans la sélection de vos locataires, en établissant des baux clairs et précis, en exigeant des garanties solides, vous minimiserez considérablement les risques de litige et de perte financière.

12
Optimiser la rentabilité de son investissement

"Améliorez, innovez et adaptez pour maximiser la rentabilité de vos investissements."

Vous avez trouvé le locataire idéal pour votre garage ou votre parking, et les premiers loyers commencent à tomber. Bravo, vous avez franchi une étape cruciale dans votre parcours d'investisseur immobilier ! Mais ne vous reposez pas sur vos lauriers, car le plus dur reste à faire : optimiser la rentabilité de votre bien sur le long terme. Et croyez-moi, c'est un art qui demande de la créativité, de la persévérance et une bonne dose d'audace !

Les 5 étapes pour surmonter les difficultés de location

Commençons par le commencement : que faire si vous peinez à louer votre garage, malgré une annonce bien rédigée et diffusée sur les bonnes plateformes ? Pas de panique, il existe une méthode en 5 étapes pour rebondir et relancer la machine :

1. Republier votre annonce chaque semaine en changeant les photos et le texte, pour attirer l'attention des nouveaux visiteurs et donner un coup de jeune à votre offre.

2. Baisser légèrement le prix du loyer, quitte à rogner un peu sur votre rentabilité à court terme. Mieux vaut un garage loué moins cher que vacant pendant des mois !

3. Ajouter de nouvelles photos de qualité, prises sous différents angles et en valorisant les atouts du bien (propreté, luminosité, sécurité...).

4. Élargir votre diffusion en publiant votre annonce sur d'autres sites spécialisés, voire sur des réseaux sociaux comme Facebook ou Instagram.

5. Faire du démarchage de proximité en collant des post-it sur les pare-brise des voitures stationnées dans le quartier, avec un message du type "Box à louer dans votre rue, 06 xx xx xx xx".

En appliquant ces 5 étapes avec rigueur et créativité, vous devriez rapidement trouver preneur pour votre garage. Mais si vraiment rien ne marche, vous pouvez envisager de passer par une agence immobilière, à condition de négocier un forfait annuel pour la gestion locative (remise des clés, rédaction du bail, état des lieux...). Sinon, les frais d'agence risquent de plomber votre rentabilité !

Améliorer son bien pour augmenter les loyers

Une fois votre garage loué, il est temps de penser à valoriser votre bien pour pouvoir augmenter les loyers lors des renouvellements de bail. Et là encore, il y a des pistes à explorer !

Vous pouvez commencer par des travaux d'amélioration simples mais efficaces, comme le bétonnage du sol (s'il est en terre battue), l'installation d'un 'électricité, la pose d'étagères de rangement, le renforcement de la sécurité (serrure, alarme...), le nettoyage des accès...

Chaque euro investi dans ces améliorations sera rapidement rentabilisé par une hausse du loyer et une meilleure attractivité de votre bien. Et le bonus, c'est que ces travaux sont souvent déductibles fiscalement !

Et si vous êtes propriétaire de plusieurs garages dans une même zone, vous pouvez mutualiser ces services pour réaliser des économies d'échelle et proposer des prestations haut de gamme à vos locataires. C'est la clé pour fidéliser vos meilleurs clients et attirer des profils plus exigeants, comme des entreprises ou des professions libérales.

Développer des services additionnels et exploiter le potentiel du bien

Mais ne vous arrêtez pas là ! Un garage, ce n'est pas qu'un simple espace de stationnement. C'est aussi un formidable gisement de revenus complémentaires, pour peu qu'on sache exploiter tout son potentiel.

Vous pouvez par exemple installer des panneaux publicitaires sur les murs extérieurs, et louer cet espace à des annonceurs locaux (commerçants, artisans, professions libérales...). C'est une source de revenus passifs non négligeable, qui ne vous demandera quasiment aucun effort de gestion.

Si vous disposez d'une grande surface de toiture, vous pouvez aussi envisager d'y installer des panneaux solaires et de revendre l'électricité produite à EDF. Ou alors, vous pouvez louer cette surface à une société spécialisée qui se chargera de l'installation et de l'exploitation des panneaux, en échange d'un loyer garanti sur 20 ou 30 ans. C'est un excellent moyen de sécuriser vos revenus à long terme et de participer à la transition énergétique !

Autre piste intéressante que nous avons déjà évoqué : la pratique de la multi-location, qui consiste à louer un même espace à plusieurs locataires en même temps. Par exemple, vous pouvez diviser votre garage en plusieurs box individuels pour motos, scooters ou vélos, et ainsi multiplier les revenus locatifs. C'est la formule magique pour booster votre rentabilité !

Et le top du top, c'est de transformer une simple place de parking en un box fermé, en y installant des murs et une porte sécurisée. Vous pourrez ainsi louer cet espace beaucoup plus cher qu'une place classique, tout en offrant à vos locataires un service très recherché dans les grandes villes.

Enfin, n'oubliez pas que les loyers des garages et parkings ne sont pas soumis à l'encadrement des loyers, contrairement aux logements. Vous êtes donc libre d'augmenter vos tarifs comme bon vous semble, en fonction de l'évolution du marché et de la qualité de vos prestations. Profitez-en pour ajuster régulièrement vos loyers à la hausse, tout en restant compétitif par rapport à la concurrence.

En combinant ces différentes stratégies d'optimisation, vous pouvez facilement booster la rentabilité de votre investissement, sans pour autant augmenter vos risques ou vos charges.

Alors, prêt à passer à la vitesse supérieure ? Prêt à transformer votre garage en une véritable machine à cash ? Avec les conseils de ce chapitre, vous avez toutes les clés en main pour optimiser votre rentabilité et atteindre vos objectifs financiers.

13
Choisir le bon régime fiscal

"La fiscalité peut être un levier puissant : choisissez-la en fonction de votre situation et de vos objectifs."

Tim Ferris

Il vous reste encore une étape cruciale à franchir : celle de la déclaration fiscale de vos revenus fonciers. Et croyez-moi, c'est un domaine où il vaut mieux être bien informé et bien conseillé, sous peine de passer à côté d'importantes économies d'impôts !

Avant toute chose, je tiens à préciser que je ne suis ni expert-comptable, ni avocat fiscaliste. Les informations que je vais partager avec vous dans ce chapitre sont basées sur mon expérience personnelle et sur mes recherches, mais elles ne sauraient se substituer aux conseils d'un professionnel. Si vous avez le moindre doute sur votre situation fiscale, n'hésitez pas à consulter un spécialiste qui saura vous guider en fonction de votre cas particulier.

Comprendre les différents régimes fiscaux (micro-foncier et réel)

En France, les revenus tirés de la location d'un garage ou d'un parking entrent dans la catégorie des revenus fonciers, au même titre que les loyers d'un appartement ou d'une maison. Et comme tout revenu, ils doivent obligatoirement être déclarés à l'administration fiscale, sous peine de lourdes sanctions.

Mais rassurez-vous, vous avez le choix entre deux régimes fiscaux pour déclarer vos revenus locatifs : le régime micro-foncier et le régime réel. Chacun a ses avantages et ses inconvénients, et le choix de l'un ou de l'autre dépendra de votre situation personnelle et de l'importance de vos charges.

Le régime micro-foncier est le plus simple et le plus accessible. Il s'adresse aux propriétaires qui perçoivent moins de 15 000 € de revenus fonciers annuels, charges comprises. Dans ce cas, vous bénéficiez automatiquement d'un abattement forfaitaire de 30% sur vos loyers, censé couvrir toutes vos charges. Vous n'avez donc pas à justifier de vos frais réels, ce qui simplifie grandement votre déclaration. Mais attention, si vos charges réelles dépassent 30% de vos loyers, ce régime n'est pas avantageux pour vous !

À l'inverse, le régime réel permet de déduire précisément toutes les charges liées à votre activité de bailleur : les intérêts d'emprunt, les frais de gestion, les travaux d'entretien et d'amélioration, les taxes foncières, les assurances... Bref, tout ce qui vient grever votre rentabilité locative. C'est un régime plus complexe, qui nécessite une comptabilité rigoureuse et la conservation de tous vos justificatifs. Mais il est souvent plus intéressant fiscalement, surtout si vous avez réalisé des travaux importants ou si vous vous êtes endetté pour acquérir votre bien.

Déterminer le régime le plus avantageux en fonction de sa situation

Pour choisir entre le régime micro-foncier et le régime réel, la règle d'or est simple : il faut comparer le montant de vos charges réelles avec le seuil de 30% des loyers. Si vos charges sont inférieures à ce seuil, le régime micro-foncier sera plus avantageux. Mais si elles sont supérieures, mieux vaudra opter pour le régime réel.

Prenons un exemple concret : imaginons que vous louiez votre garage 100 € par mois, soit 1 200 € par an. Vous avez réalisé pour 500 € de travaux d'amélioration cette année, et vous payez 200 € de taxe foncière. Au total, vos charges s'élèvent donc à 700 €, soit 58% de vos loyers. Dans ce cas, le régime réel sera plus intéressant pour vous, car vous pourrez déduire l'intégralité de ces 700 €, contre seulement 360 € (30% de 1 200 €) avec le régime micro-foncier.

Mais attention, ce calcul n'est pas toujours aussi simple ! Car certaines charges ne sont déductibles que partiellement ou sur une longue période. C'est le cas notamment des très gros travaux d'amélioration, qui doivent être amortis sur plusieurs années selon des règles complexes. Idem pour les intérêts d'emprunt, qui ne sont déductibles que dans la limite des loyers perçus.

C'est pourquoi il est souvent indispensable de se faire conseiller par un expert-comptable pour prendre la bonne décision. D'autant que les règles fiscales évoluent chaque année, et qu'il faut sans cesse s'adapter aux nouvelles dispositions législatives.

Optimiser sa fiscalité grâce aux travaux et aux charges déductibles

Une fois que vous avez choisi votre régime fiscal entre le régime réel et le micro-foncier, tout l'enjeu va être d'optimiser votre fiscalité en maximisant vos charges déductibles. Et c'est là que les travaux d'amélioration et d'entretien prennent toute leur importance !

En effet, tous les travaux que vous réalisez dans votre garage pour le rendre plus attractif et plus rentable sont potentiellement déductibles de vos revenus fonciers. Qu'il s'agisse de travaux de rénovation (peinture, électricité, plomberie...), d'aménagement (pose d'un nouveau sol, installation d'étagères...) ou de mise aux normes (sécurité incendie, accessibilité...), vous pouvez les imputer sur vos loyers et ainsi réduire votre base imposable.

Le régime réel permet de déduire de vos revenus fonciers tous les frais liés à la location, tels que les charges de copropriété, les intérêts d'emprunt, les frais de gestion et les travaux. Les intérêts d'emprunt sont déductibles dans la limite des intérêts perçus, et les travaux sont déductibles sur une période de plusieurs années. Le régime réel est souvent avantageux pour les propriétaires ayant des charges importantes ou ayant effectué des travaux conséquents. Pour déclarer vos revenus sous le régime réel, vous devez remplir le formulaire CERFA 2044 lors de votre déclaration d'impôts.

Autre levier d'optimisation fiscale : les charges récurrentes liées à votre activité de bailleur. N'hésitez pas à déduire tous vos frais de gestion (assurance loyers impayés, frais de mise en location, honoraires de comptabilité...), ainsi que vos primes d'assurance et vos éventuels frais de déplacement. Même les petits montants, à force de s'accumuler, peuvent faire une différence significative sur votre facture fiscale finale !

Enfin, si vous êtes un investisseur aguerri avec plusieurs garages en portefeuille, vous pouvez envisager des montages fiscaux plus complexes comme la création d'une SCI (société civile immobilière) ou d'une holding. Ces structures permettent, sous certaines conditions, d'optimiser encore davantage votre fiscalité en jouant sur les différents régimes d'imposition (impôt sur le revenu, impôt sur les sociétés...). Mais attention, ces montages sont complexes et coûteux à mettre en place, et ils ne sont pertinents que pour des patrimoines importants. Là encore, les conseils d'un professionnel seront indispensables pour éviter les pièges et maximiser vos économies d'impôts.

En résumé, la fiscalité des revenus fonciers est un sujet vaste et technique, qui peut faire peur à plus d'un investisseur débutant. Mais avec un peu de curiosité et de rigueur, vous pouvez rapidement en maîtriser les grands principes et faire les bons choix pour votre situation. L'essentiel est de bien comprendre les différents régimes d'imposition, de choisir celui qui vous est le plus favorable, et d'optimiser vos charges déductibles en fonction de votre stratégie patrimoniale.

Et surtout, n'hésitez pas à vous entourer de professionnels compétents et expérimentés, qui sauront vous guider dans ce labyrinthe fiscal et vous aider à prendre les meilleures décisions. La consultation d'un bon expert-comptable ou un avocat fiscaliste peuvent vite devenir vos meilleurs alliés pour maximiser votre rentabilité locative et sécuriser votre patrimoine sur le long terme.

CONCLUSION

Au fil des pages de ce livre, nous avons exploré ensemble les multiples facettes de l'investissement dans les parkings et les garages. Des fondamentaux du marché aux techniques d'optimisation fiscale, en passant par les secrets d'acquisition et de gestion locative, nous avons balayé tout ce qu'il faut savoir pour se lancer avec succès dans cette aventure immobilière passionnante.

Mais au-delà des aspects techniques et financiers, ce que j'espère vous avoir transmis à travers ces chapitres, c'est surtout un état d'esprit. L'état d'esprit de l'investisseur malin, audacieux et créatif, qui sait sortir des sentiers battus pour dénicher les meilleures opportunités. L'état d'esprit du entrepreneur agile et résilient, qui sait s'adapter aux défis du marché et rebondir face aux obstacles. L'état d'esprit du bailleur bienveillant et intègre, qui sait construire des relations de confiance durables avec ses locataires.

Car réussir dans l'investissement immobilier, c'est avant tout une affaire de vision, de caractère et de valeurs. Les connaissances et les techniques sont indispensables, bien sûr, mais elles ne suffisent pas. Pour vraiment performer sur le long terme, il faut aussi avoir une boussole morale, une éthique personnelle qui guide chacun de nos choix et chacune de nos actions.

C'est cet alignement entre la stratégie et les valeurs qui fait la force des investisseurs les plus accomplis. Ceux qui savent concilier la recherche de rentabilité avec le sens du service, l'optimisation fiscale avec la transparence, la gestion rigoureuse avec l'empathie. Ceux qui, en somme, ne perdent jamais de vue que derrière chaque garage, chaque locataire, chaque transaction, il y a des histoires humaines uniques et précieuses.

En choisissant d'investir dans les parkings et les garages, vous ne faites pas seulement le choix d'une niche immobilière prometteuse. Vous faites aussi le choix d'un mode de vie, d'une philosophie entrepreneuriale qui place la liberté, l'autonomie et l'impact positif au cœur de votre réussite. Vous faites le choix de prendre en main votre destin financier, de bâtir un patrimoine solide et durable, de générer des revenus passifs qui vous permettront de vivre selon vos propres règles.

Alors oui, l'investissement dans les parkings et les garages présente de nombreux avantages concrets : une rentabilité élevée, des contraintes de gestion réduites, une fiscalité attractive, un potentiel de diversification important... Mais sa plus grande force, c'est peut-être de vous offrir les clés de votre liberté. La liberté de choisir vos projets, de maîtriser votre temps, de sécuriser votre avenir et celui de vos proches.

En refermant ce livre, j'espère que vous aurez non seulement acquis les connaissances et les outils nécessaires pour vous lancer dans l'investissement immobilier, mais aussi et surtout l'envie irrépressible de sauter le pas. L'envie de sortir de votre zone de confort, d'oser l'aventure entrepreneuriale, de réaliser vos rêves les plus audacieux.

N'attendez pas d'être prêt à 100%, de maîtriser tous les rouages, d'avoir toutes les réponses. L'action est souvent le meilleur des professeurs, et c'est en relevant les défis du réel que vous forgerez vos compétences d'investisseur. Commencez modestement, avec un premier garage, puis apprenez, ajustez, persévérez. Les erreurs font partie du chemin, elles sont la preuve que vous avancez et que vous osez.

Et si jamais le doute vous saisit, si la peur vous paralyse, rappelez-vous pourquoi vous avez choisi cette voie. Rappelez-vous cette petite flamme en vous qui aspire à plus de liberté, d'abondance et de sens. Rappelez-vous que chaque petit pas, chaque petit garage est une victoire sur la résignation et l'inertie. Rappelez-vous que votre réussite ne dépend que de vous, de votre détermination et de votre capacité à vous relever après chaque chute.

Alors n'attendez plus, lancez-vous ! Tracez votre propre route, écrivez votre propre histoire. Faites de l'investissement immobilier non pas une fin en soi, mais un merveilleux véhicule pour exprimer votre plein potentiel et contribuer positivement au monde qui vous entoure.

Et si d'aventure nos chemins se croisent, dans une réunion d'investisseurs ou au détour d'un parking, nous partagerons un sourire complice. Le sourire de ceux qui ont osé, qui ont choisi, qui se sont donnés les moyens de leurs ambitions. Le sourire des entrepreneurs libres et engagés, des investisseurs malins et intègres.

Nous échangerons sur nos réussites et nos défis, avec la générosité de ceux qui savent que le succès est toujours plus grand quand il est partagé. Nous lèverons notre verre à cette communauté invisible qui, d'un garage à l'autre, d'un livre à l'autre, réinvente l'immobilier et construit un avenir plus libre.

Alors à votre tour, transmettez, inspirez, éclairez le chemin. Soyez ce modèle bienveillant qui manquait à l'investisseur débutant que vous étiez. Racontez votre parcours avec authenticité, partagez vos apprentissages avec humilité. Et si ce livre vous a aidé, offrez-le à votre tour, pour que l'étincelle se propage et que le cercle vertueux se poursuive.

C'est ainsi que, ensemble, nous ferons de l'investissement immobilier bien plus qu'un simple outil financier. Nous en ferons un puissant levier de transformation positive, au service d'une société plus juste, plus libre et plus épanouie.

Alors merci, du fond du cœur, d'avoir partagé ces pages avec moi. Et maintenant, à vous de jouer ! Que votre route soit belle, audacieuse et lumineuse. Que chacun de vos garages soit une pierre à l'édifice de votre liberté et de votre accomplissement.

Bonne route, cher investisseur, cher entrepreneur, cher bâtisseur de possibles. Puisse ce livre être le premier pas d'une merveilleuse aventure, à la conquête de vos rêves les plus grands !

Si vous avez la moindre question, remarque ou suggestion, vous pouvez me contacter à l'adresse suivante :

jeremie@lefrugalisme.com

À très bientôt

Jérémie

QU'EN AVEZ-VOUS PENSÉ ?

Laisser votre avis à son propos sur Amazon, même succinct, m'aide *énormément*. Si ce livre vous a plu, inspiré ou aidé dans votre parcours d'investisseur, n'hésitez pas à partager votre expérience en laissant un commentaire sur Amazon. Vos retours sont mon plus précieux carburant pour continuer à écrire et à transmettre. Merci infiniment pour votre soutien !

Alors même si c'est pour n'écrire que quelques mots, je vous serait extrêmement reconnaissant de me laisser votre ressenti dans un commentaire.

Merci encore pour votre confiance. Je vous souhaite de prendre énormément de plaisir et de réussir pleinement dans toutes vos prochaines aventures !

Cordialement,

Jérémie

VOS IMPRESSIONS ?

Qu'avez-vous pensé de

Parkings et Garages : La Clé de Votre Indépendance Financière

Vous voulez bien lui donner quelques étoiles et un commentaire rapide ?

★ ★ ★ ★ ★

① Connectez vous à votre compte Amazon

② Cliquez sur Commandes

③ Trouvez le livre Parkings et Garages : La Clé de Votre Indépendance Financière

④ Cliquez sur le bouton

 Merci à vous !

GLOSSAIRE

1. Emplacement : Référence à l'endroit où se situe le parking, garage ou box. La localisation peut jouer un rôle crucial dans la valeur de l'investissement.

2. Rendement locatif : Le pourcentage de revenu annuel généré par la location du parking, garage ou box, souvent calculé par rapport au prix d'achat.

3. Taux de vacance : Le pourcentage de temps pendant lequel le parking, garage ou box est inoccupé et ne génère pas de revenus locatifs.

4. Valeur locative : Le montant que les locataires potentiels sont prêts à payer pour occuper le parking, garage ou box.

5. Charges de copropriété : Les frais mensuels ou annuels associés à la propriété, tels que l'entretien, les services publics, l'assurance, etc., répartis entre les copropriétaires.

6. Plus-value : La différence positive entre le prix d'achat initial du parking, garage ou box et son prix de vente ultérieur.

7. Bail de location : Le contrat légal entre le propriétaire et le locataire qui stipule les termes et conditions de la location, y compris la durée et le loyer.

8. Indexation du loyer : Une disposition contractuelle permettant d'ajuster périodiquement le loyer en fonction d'un indice tel que l'inflation.

9. Dépôt de garantie : Une somme d'argent versée par le locataire au propriétaire à la signature du bail, généralement remboursée à la fin du bail, sous réserve de conditions spécifiques.

10. Rentabilité nette : Le revenu net généré par l'investissement, calculé en soustrayant les dépenses (telles que les taxes foncières, les frais de gestion, etc.) du revenu brut.

11. Défiscalisation : Les incitations fiscales ou les avantages accordés par certains gouvernements pour encourager l'investissement dans l'immobilier, qui peuvent s'appliquer aux investissements dans les parkings, garages ou box.

12. Valeur vénale : La valeur estimée du parking, garage ou box sur le marché, en fonction de facteurs tels que l'emplacement, l'offre et la demande, et les tendances du marché immobilier.

13. Plus-value immobilière : La différence entre le prix de vente d'un bien immobilier et son prix d'achat, généralement taxable sous certaines conditions.

14. Syndic de copropriété : L'entité responsable de la gestion et de l'administration de la copropriété, y compris l'entretien des parties communes et la collecte des charges.

15. Assurance propriétaire non-occupant (PNO) : Une assurance spécifique pour les propriétaires qui louent leur bien immobilier, couvrant les risques tels que les dommages causés par des tiers ou les sinistres liés à la responsabilité civile.

16. Taxe foncière : L'impôt local prélevé annuellement par les autorités fiscales sur la valeur cadastrale du parking, garage ou box, payable par le propriétaire.

17. Amortissement : La répartition du coût initial de l'investissement dans le temps à des fins fiscales, permettant de déduire une partie de la valeur du bien chaque année de la déclaration de revenus.

18. Rentabilité brute : Le revenu brut annuel généré par l'investissement, avant déduction des dépenses, telles que les taxes foncières et les frais de gestion.

19. Copropriété : Un régime de propriété dans lequel plusieurs propriétaires détiennent des parts dans un bien immobilier, tels que des parkings, garages ou box, et partagent les frais de gestion et d'entretien.

20. Promesse de vente : Un contrat par lequel le vendeur s'engage à vendre un bien immobilier à un acheteur potentiel à des conditions déterminées, généralement moyennant le versement d'un dépôt de garantie.

21. Droit de préemption : Le droit prioritaire accordé à certaines personnes ou entités, telles que les locataires ou la commune, d'acquérir un bien immobilier avant tout autre acheteur potentiel.

22. Notaire : Un officier public chargé de la rédaction des actes authentiques, tels que les contrats de vente immobilière, et de leur enregistrement auprès des autorités compétentes.

23. Plus-value mobilière : La différence entre le prix de vente d'un bien meuble ou d'un droit et son prix d'acquisition, pouvant être soumise à l'impôt sur le revenu.

24. Aménagement : L'ensemble des travaux visant à améliorer ou à adapter un parking, garage ou box pour augmenter sa valeur ou son attractivité pour les locataires ou les acheteurs potentiels.

25. Diagnostic technique : L'ensemble des diagnostics obligatoires réalisés lors de la vente ou de la location d'un bien immobilier, comprenant parfois des diagnostics spécifiques aux parkings, garages ou box.

26. Quote-part : La part de propriété d'un copropriétaire dans les parties communes d'un immeuble, généralement exprimée en pourcentage et déterminant sa contribution aux charges de copropriété.

27. Rentabilité locative : Le rapport entre le loyer annuel perçu et la valeur du bien immobilier, exprimé en pourcentage, permettant d'évaluer le rendement de l'investissement.

28. Zone de stationnement : Une zone délimitée spécifiquement destinée au stationnement de véhicules, telle que les parkings extérieurs ou les zones de stationnement dans les copropriétés.

VOTRE BONUS

Téléchargez dès maintenant votre Pack investisseur Parking Garage Bonus contenant tout ce dont vous avez besoin pour accélérer encore votre parcours d'investisseur dans les Parkings Garages !

https://www.lefrugalisme.fr/bonus-parking-garage

À PROPOS DE L'AUTEUR

Jérémie Brygo a pendant longtemps travaillé comme technicien intermittent du spectacle avant de s'engager dans cette folle aventure de l'indépendance financière. Aujourd'hui, il est formateur et guide ceux qui, comme vous, aspirent à se libérer de la dépendance à leur emploi et souhaitent générer des revenus avec un minimum d'effort.

Vous pouvez le retrouver sur sa chaîne YouTube Frugalisme et Liberté Financière

    Vous pouvez découvrir ses formations ici

    Vous pouvez consulter son blog ici

DU MEME AUTEUR

Jérémie Brygo

- Un Salaire sans rien faire (ou presque) : Les 4 étapes pour accéder à la liberté financière et vivre enfin sa vie. Editions Robert Laffont
- Le guide des techniques Frugalistes qui rassemble toutes mes astuces pour faire des économies au quotidien sans se priver.
- Le guide des visites immobilières : 110 questions à poser pour trouver la bonne affaire !